クルド人　もうひとつの中東問題

川上洋一
Kawakami Yoichi

a pilot of wisdom

目次

グルジア
アルメニア
アゼルバイジャン
バクー
エレバン
アララト山
カスピ海
ドゥバイジット
バン
タブリーズ
ウルミエ湖
マハーバード
ドフーク
エルビル
スレイマニヤ
キルクーク
サナンダジ
ハラブジャ
ケルマンシャー
テヘラン
イラン
バグダッド
イラク
N
クウェート
ペルシャ湾

主なクルド人居住地
黒海
アンカラ
デルシム
(テュンジェリ)
ゲンチ
トルコ
エラズー
カフラマンマラシュ
ディヤルバクル
インジルリク
空軍基地
アレッポ
シリア
レバノン
地中海
ダマスカス
ヨルダン
イスラエル
サウジアラ

クルド関連政党、組織の略称

	略称	名称
トルコ	DEP	民主党
	HADEP	人民民主党
	HEP	クルド人民労働者党
	KDPT	トルコ・クルド民主党
	PKK	クルド労働者党
	SHP	社会民主人民党
	TPSK	トルコ・クルド社会党
	WP	福祉党
イラク	ICP	イラク共産党
	IKSP	イラク・クルド社会党
	IMK	クルド・イスラム運動
	KDP	クルド民主党
	PUK	クルド愛国同盟
イラン	KDPI	イラン・クルド民主党

はじめに

「千のため息、千の涙、千の反乱、千の希望」――クルドの運命を、古い詩はそう謳《うた》う。

「クルドは死んだとは言わせない、クルドはまだ生きている、わが旗は決して降ろさない」――イランやイラクのクルド人が集まったときに、〝国歌〟として繰り返し、繰り返し歌う一節である。[11]

「よく聞け！　君らファシストの処刑者よ、この世界にクルドは存在する」――一九七一年に国家からの分離主義活動のレッテルをはられて処刑されたあるクルド知識人の、後に公表された手記はそう叫ぶ。[7]

クルド人は祖国なき最大の民と呼ばれる。おもにトルコ、イラク、イランの三カ国にまたがって住んでいる。広大な居住地域の面積は、欧州でいえばフランス一国にも匹敵する。二五〇〇万前後とも推定される民族人口は、中東ではアラブ、トルコ、ペルシャ（イラン）の各民族に次ぐ。二〇〇〇年このかた共通の言語と文化を維持してきた、とクルド民族主義者は主張する。そして独立あるいは自治を求める具体的な運動だけでも、歴史は二〇世紀初頭にさかのぼる。それは通奏低音のように絶えず流れ、果敢な民族解放闘争がゲリラ戦術により間歇的《かんけってき》に激しく燃え上がった。それに対して各国中央政府は軍事抑圧でのぞみ、双方の犠牲者は二〇世紀を通じて数十万を下らない。

同じ中東のパレスチナ民族解放闘争は、二〇世紀後半に起こり、世界に向かってその存在を派手に訴えた。解決に向かうかにみえながら、二一世紀に入ってからも対決を繰り返している。そのパレスチナ人の総人口は、各国に分散している分を含めても一〇〇〇万に大きく満たない。闘争の始まりは一九四八年のイスラエル建国である。クルド問題は、発生の年代の古さも規模の大きさも根の深さも、パレスチナ問題をしのぐ。

二〇〇一年九月の米国での同時多発テロ、それを引き金としての米国のアフガニスタン介入は、アフガニスタン情勢、特にその内戦の状況に世界の注視をひきつけた。アフガニスタンを実効支配していた「タリバン」は、アフガニスタンの多数派パシュトゥン民族の政権であった。パシュトゥン人は、アフガニスタン南東部とパキスタンにまたがって住む民族である。一九世紀以降の英国による国境線引きで両国に分かれた。「タリバン」と軍事的に対抗していた「北部同盟」はアフガニスタン北部を基盤とし、タジク人、ウズベク人を主体とした。この両民族は北隣のタジキスタン、ウズベキスタン両国とアフガニスタンにまたがって住む。そして、タリバン、北部同盟以外にも、両勢力に同調したり、反発したりする数多くの地元部族の群小武装勢力の存在が明らかになった。

アフガニスタンは、一九世紀には二度にわたって英国の支配、二〇世紀の八〇年代にはソ連の侵攻を受けながらそのたびに激しく戦った。やはり、いわゆる西欧帝国主義の国境線引きの中に民族問題を抱え込んできた国である。アフガニスタン情勢とクルド問題に直接のつながりはないが、西欧モデルの国民国家 nation state とその枠内での民族問題がつきつけている現実には、共通点が多い。

中東地域は、人類数千年の歴史を通じてみれば、常に世界史の中央舞台あるいは文明の十字路であった。だが最近まで日本では、一握りの外務担当者、ビジネスマン、研究者、報道者を除いて、中東地域への関心は薄かった。世界史といえば、西洋史と東洋史（中国史）であり、その中間の中東はほとんど視野の外だった。それにひきかえ、十字軍の例をあげるまでもなく、欧米では中東を発祥の地とするキリスト教を通じて、あるいはイスラム教との抗争、交流、次いでいわゆる帝国主義支配、石油の世界戦略を通じて、常に当事者として中東にかかわってきた。それは二〇世紀の半ばまではおもに英、仏両国であり、世紀後半からは米国である。

日本人一般の中東への目覚めは、極端にいうと一九七三年の第四次中東戦争の際に、アラブ産油国が発動した石油戦略、それによって日本人が感じた石油ショックであった。日常生活の範囲では、それが引き金となった「トイレットペーパー騒ぎ」からであった。そこであらためて、日本の高度経済成長が中東の石油に大きく依存していることが、日本人の脳裏に刻み込まれたのであった。一九七〇年代末のイランのイスラム革命が、政治と一体となったイスラム教への関心を増大させた。少しさかのぼっても、第二次大戦直後のイスラエル建国にともなう四次にわたる中東戦争、それをめぐるパレスチナ解放闘争からである。同闘争がらみの数々のハイジャック事件、日本赤軍の関与があげられるだろう。最近では、イラクがクウェートを侵略し、米国主導軍がこれを追い払った一九九一年の湾岸戦争であった。そして、「クルド」が日本のメディアにわずかながら登場してきたのもこの湾岸戦争の後からで、ここ一〇年のことにすぎない。

日本人は島国に暮らしてきた。地続きの国境をもった経験も少なく、異民族の支配を直接受けたのも第二次大戦直後のわずかな期間だけであった。政治でも日常生活でも、宗教の色合いが希薄である。ひるがえって、クルド問題には、現在地球上に数ある民族紛争の中でも特に、民族、人種、国家、言語、宗教、資源、地勢、そのすべてが絡み合い、そのすべてが濃密に集約されている。日本人には、皮膚感覚的に理解しがたい点を多く含んでいる。

クルド問題が今後どのような展開をみせるかは、実はだれにもはっきりとは分からない。

クルド人がおもに住む三つの国トルコ、イラク、イランで、それぞれの状況が異なる。最大のクルド人口を抱えるトルコ共和国では、クルド人の文化、言語だけではなく、クルド人の存在そのものが認められていない。言及することすらご法度である。クルド人の武装闘争はテロ行為として、政府正規軍が大規模な抑圧の対象としてきた。クルド部族の抵抗が長い歴史をもつイラク共和国では、中央政府がクルド自治に歩み寄った時期もあった。一方で政府軍がクルド人を毒ガスで大量虐殺したのもイラクである。湾岸戦争後、米国の保護の下に国の北部に成立した「クルド地域政府」を、中央政府は認めようとしない。イラン・イスラム共和国では、クルド人はホメイニ師のイスラム革命の時に蜂起《ほうき》したが、その後はイスラム教の枠の中におさめられ、民族の次元では考えられていない。

「クルド」は二一世紀のこの地域に残された大きな火種のひとつなのである。

＊本文中の番号は、巻末の引用・参考文献の番号に対応する。

第一章　クルドの地を訪れて

アララト山と方舟伝説

二〇〇〇年、世紀の変わり目の初秋、私はクルドの町をいくつか訪ねた。

トルコの東端、アルメニア国境に近づくと、さえぎるもののない大空に悠然とそびえ立つ独立峰が見えてくる。人家も畑も見えない茶褐色の荒野に長く裾野を引いて、頂きのあたりにわずかに小さな白雲をただよわせて、抜けるような青空にそびえる。緑とはおよそ縁のない岩だらけのハゲ山だが、夏でも中腹から上はまだら模様に雪を残してすっくと立つ。中東有数の名山アララト山、標高五一六五メートル。だが、この山の名を高からしめているのはその高さと風格のせいだけではない。旧約聖書の創世記に記されているノアの方舟《はこぶね》が流れ着いたのが、この山腹だったという古くからの説によるのである。確かに、広い平野を隔てて向かい側のジュ

トルコ側から見たアララト山

ディ山脈の中腹から正面にアララト山を見晴らすと、平野はいかにも湖が干上がったあとにできた大きな盆地のようなおもむきがあり、方舟伝説を裏づけるかのようだ。このあたりは、一九世紀から二〇世紀初めにかけてトルコとロシアがいくたびも激しい戦火を交えた古戦場である。かの方舟がアララト山の山腹に漂着した証拠ともいうべきものの断片は、ロシア軍が持ち去ったという。

ところが、近年になってこれを覆す有力な説が登場した。アララト山の対岸ともいうべきジュディ山脈の山腹に、一九八五年に米国人学者の手で、土に埋まった方舟とみられる遺跡が見つかったのである。周囲とはくっきりと違う黒っぽい、船の形をした大きな土の塊は、見る者をなるほどとうなずかせる。トルコ政府はすでに「こちらが本物の方舟」とのお墨付きを出している。方舟を見下ろす丘の上に小さな展望台と資料館を兼ねた建物ができている。この辺境の地を名所として売り出すかまえだ。

アララト山のあたりは、トルコ、イラン、イラク三国にまたがってクルド人の住む広大な地域の一部である。山の周辺は見渡すかぎり人家も畑も目に入らない。だが、目をこらすと裾野に、モンゴルの包《パオ》をおもわせる白いテントが散在し、草を食《は》む羊が群れている。かつてのクルド人の姿であり、今では少なくなった遊牧民である。方舟の遺跡は、わきの上方の山腹にしがみつくようにして、こぢんまりしたクルド人の半農半牧の集落を抱えている。遺跡の番人を兼ねて説明にあたるのは、この集落の長老であった。

精神的首都ディヤルバクル

クルド人の居住地はおもにイラン、イラク、トルコの三国にまたがって広く分布するが、シリア、イラク国境に近いトルコのディヤルバクルはその中の中心的な都市のひとつで、「クルド人の精神的な首都」といわれる。紀元四世紀にローマ皇帝コンスタンチヌス二世が築いた石造りの城壁が郊外に残る古い町だ。チグリス川の西、流れ近くに幅三・五メートル、高さ八―一二メートルの城壁が延々長さ五キロメートルにわたってうねるように続く。平らな畑地を背景に灰褐色の重厚な石造りの壁は壮大で、世界有数の規模を誇る城壁だが、陰鬱なたたずまい

ジュディ山脈の山腹に横たわるノアの方舟の遺跡

でもある。新市街は近代的な装いに変わりつつあり、一九九〇年代に大学も新設された。トルコ東部で最大、国内でも五指にはいる都市で、現在の人口およそ八〇万、その住民の大半がクルド人である。一九二五年に新生トルコ共和国の中央政府に抵抗して、クルドの族長サイードが蜂起したのが、このディヤルバクルであった。このとき中央政府の手によってここで処刑されたクルド人は、サイードはじめ七〇〇人あまりにものぼり、以来、この町は「クルド人の精神的な首都」とも呼ばれるようになった。

市民の一人は「今でもここの刑務所はクルド人政治犯でいっぱいだ」と話していた。一九八〇年代から九〇年代末までトルコ東部で燃え上がった「クルド解放闘争」の結果である。

ディヤルバクルの町はずれの小高い丘の上の公

園に、ケマル・アタチュルク記念館が立っている。城壁とは対照的に、緑陰と池に囲まれてこぢんまりと瀟洒《しょうしゃ》な館の風情だ。第一次大戦後のトルコ共和国建国の父ケマル・アタチュルクは若いころ、ここでオスマン・トルコ帝国陸軍の地区司令官をつとめた。記念館はそのころ住んだ公舎の跡である。建国直後にケマル将軍がとった「クルド人同化政策」、つまり「トルコにクルド人というものは存在しない。みんな同じトルコ国民」という方針が、後年のクルド人の抵抗を招いた。だが、そんな歴史は知らぬ気に、そのほとんどがクルド人と思われる市民が屈託なく記念館を訪れ、散策を楽しんでいた。

ディヤルバクルに限らず、トルコ東部を歩くと、クルド人が小柄あるいは中背、茶色の目、浅黒い肌を特徴とすることが分かる。特に頰がそげて目付きの鋭い、きわだって精悍《せいかん》な表情にしばしば出くわす。

この地で、トルコ人の友人といっしょに乗った車の運転手（彼はクルド地域の出身ではなく古都イスタンブールの育ちだった）がたまたまクルド人であった。だが、それが分かったのは、友人が運転手とかなり長い間話をした後に、相手が「自分はクルドだ」と名乗ったからであった。友人は、名乗られなければ全く分からなかっただろう、と言っていた。外国人から見ればさらにそうだが、トルコも東部を除けば、トルコ人同士の間でもすぐに見分けがつくというものでもないようだ。

17世紀に築城されたクルド人領主イサク・パシャの宮殿

ゆるやかなズボンに黒の上着、幅広の帯をきりりと締めて柄の大きい短刀をたばさんだ姿は、一九世紀のヨーロッパ人が紹介したものである。今ではもうそんな格好はみかけない。

往時しのばせるドゥバイジットの古城

トルコの最東端、アルメニアとイランの国境やアララト山のふもとにほど近く、ドゥバイジットというクルド人の町がある。近世では、露土戦争（一八七七―七八年）と第一次大戦の二度にわたってオスマン・トルコ帝国とロシアの両軍が激戦を交えた戦場である。古い建物に今に残る当時の弾痕が町の歴史を物語るが、わがトルコ人の友人が「この町の町長さん、ちっとも仕事してませんね」と冗談交じりに皮肉るほど、目抜き通りの舗装さえ十分でない、なんの変哲もない田舎町ではある。

外国人は夜の外出を控えるように注意されるほど治安もよくない。だが、この町は、石油をはじめとするイランからの物資が流入するトルコ側の唯一の受け入れ口で、町外れにはいつも数キロメートルにわたって検問待ちのトラックが列をつくってひしめいている。信玄袋のような大きな袋をかついだ国境越えの人々の姿も見える。内陸部に閉じ込められているイランやイラクのクルド人の日常生活は、こうしたトルコ側との物資の交流に支えられている。

さかのぼって一六、一七世紀、ここはオスマン・トルコ帝国とペルシャのサファビー朝の争奪戦の舞台でもあった。そのとき帝国側の臣民として奮戦したこの地のクルド人有力者イサク・パシャが、その功によってスルタンからあたり一帯をおさめる知事に任命された。彼はドゥバイジットの町外れの岩と砂の急峻な山腹に、一六八五年から数十年がかりで夏の離宮を築いた。イスラム教のモスク、図書館、ハーレムまで備えた端麗な宮殿だ。中東のあちこちに残る壮大な建造物に比べれば規模雄大とはいえないまでも、はるか一望の下に平原を見下ろし、往時の栄華をしのばせている。

さらに南に下って、トルコ第一の湖、琵琶湖の六倍の広さのあるバン湖。そのほとりに立つホシャップ城も立派である。監獄まで備えた要塞だ。一七世紀にオスマン・トルコ支配下で、このあたりの統治をまかされたクルドのマムディ族の領主サル・シュレイマンが築いた。廃庭の枯れ草の上を、はるかにさえぎるもののないバン湖の水平線のかなたから風が吹き抜けていく。

厳重なテロ警戒

ドゥバイジットの町からバン湖へ一日がかりで走る幹線道路に沿って、月面もかくやと思わせる熔岩台地が黒々と広がっていた。浅間山麓の「鬼押出し」を何十倍にもしたようだ。台地の外は黄褐色の岩山と広漠とした平原である。人家も畑も見えず、行き交う車も絶えてない。熔岩に触れてみようと車を降りると、どこからともなく鋭い笛の音が空気を引き裂いた。はるかな丘の上の監視所の警備兵からの警告であった。クルド民族解放闘争の前衛を担う「クルド労働者党」（ＰＫＫ）戦闘員グループが通りがかりの車を襲って、熔岩の間に身を隠しながら台地の向こうのイラン領へ逃げ込むことが、よくあるのだという。

バン湖のほとりの町バンからディヤルバクルに向けて、北メソポタミアと呼ばれる地方を抜ける。メソポタミアとは、チグリスとユーフラテスの間という意味だが、そのチグリス川の支流のダムは、写真撮影はもちろん近づくことさえ禁止されていた。一九九四年ごろＰＫＫの党首オジャランがロンドンからのクルド語放送で、このダムの爆破を指示したためという。このあたりはトルコ南東部有数の幹線道路だが、ＰＫＫの活動の盛んだった一九九〇年代半ばまで、すべての車がテロ警戒のために一〇台、二〇台と列を連ねて、さらにその前後を軍の装甲車に守られて走ったという。

第二章　トルコ、オジャランの武装闘争

PKK

一九八〇年代後半から世紀末まで、クルド民族解放を主張する非合法組織「クルド労働者党」（PKK）の、テロによる武装活動がトルコ共和国を揺るがした。同党は党首アブダラ・オジャランが七八年に仲間とともに創設、八四年ごろから本格的な武装闘争を始めた。最初は辺境の地でひんぱんにトルコ軍を待ち伏せ攻撃し、八六年からは襲撃の対象を都市部に拡大、軍事施設や警察署を繰り返し襲った。初めは隣国シリアやイランに出撃拠点を設けていたが、のちにトルコ国内にも拠点を数多く設営した。九〇年代に入ってからは国内のさまざまな政府施設や観光地も襲撃し、外国人観光客を誘拐した。さらには西欧諸国にも活動舞台を広げ、各地のトルコ関係の施設を襲撃し、民族解放運動が国際的な耳目を集めるのに成功した。

合法活動を封じられた政治運動の常として、ＰＫＫは武装活動をあくまで手段だと主張した。党首オジャランは、九二年にトルコ人記者とのインタビューで、「暴力行為はわれわれの活動の一パーセントにすぎない。主たる任務は教育、つまり、説得の基礎がためをすることだ。軍事行動だけがすべてではない。武器のことでいえばトルコ政府はわれわれよりもはるかに強い。しかし重要なのは闘争を政治的に組織することだ」と語っている。(7)

これに対してトルコ政府は、ＰＫＫの活動をテロ行為と断じ、あくまで治安問題として対処した。そして、長年にわたってクルド地域に戒厳令を発し、トルコ正規軍が大規模な掃討作戦を展開した。一九九二年日本を訪問したトルコの首相（当時）デミレルは、一二月三日、日本記者クラブでの会見で、「彼ら（ＰＫＫ）は、無差別に殺人をしているだけだ」と語気を強めていた。

その後大統領となったデミレルは、一九九七年一二月末、八四年に武装闘争が始まってから、トルコ軍、治安関係機関、ＰＫＫ戦闘員、巻き添えの市民を含めて、死者は三万七〇〇〇人に達したと発表した。この間、東部・南東部トルコに、四〇万近いトルコ政府正規軍が駐留せざるを得なかった。クルド人抑圧とＰＫＫ抑圧のための戦闘費用は年間一〇〇億ドルにものぼった。三六〇〇の村落が破壊され、多数の一般クルド人が殺害され、強制移住させられた。連行後行方不明で、遺体の確認もできない一般クルド人が三〇〇〇人以上もいる。ＰＫＫの温床を根こそぎにしようとする政府、軍の作戦で、約三〇〇万人のクルド人が居住地を追われ、古都イスタンブール、首都アンカラ、イズミールなど都市部周辺に強制移住させられて、不法にスラムをつくって住みついた。

ＰＫＫの武装闘争は、敵味方多くの人間に死をもたらし、政府軍の大規模な軍事抑圧を招き、トルコ南東部の社会を混乱、荒廃させた。だが、クルド人の前衛として、半世紀以上にわたって圧殺されてきた民族の声を顕在化させ、国際的な認知まで獲得したことは否めない。クルドの大義を国際社会に訴えるのに成功したとも言うべきであろう。一般クルド人のＰＫＫ支援は、クルド人の希望の表現であっただけでなく、クルド人の自覚を呼び覚ました。

だが、トルコ国家全体からみれば、クルド人は少数派（全人口の約二〇パーセント、一二〇〇―一三〇〇万）であり、ＰＫＫの武装活動は、逆に多数派であるトルコ人の建国以来の国家意識をさらに高揚させたことも見逃せない。

オジャラン逮捕、死刑判決

一九九九年六月二九日、トルコのマルマラ海に浮かぶ監獄島イムラルの特設法廷は、トルコのクルド民族解放を主張しテロ活動を続けてきたＰＫＫの党首アブダラ・オジャランに国家反逆罪で死刑判決を下した。オジャラン側は、控訴して減刑を要求したが、最高裁は同年一一月二五日、一審判決を支持し、死刑判決が確定した。しかし、翌二〇〇〇年一月、政府は死刑の執行の先送りを決めた。トルコでは二〇世紀末の一五年間に死刑判決はあっても実際に執行されたことはない。執行の先送りは、実質上は無期懲役を意味するとの見方が一般的である。

ワンマン指導者オジャランを失ったＰＫＫは二〇〇〇年二月一〇日、武装闘争の停止を正式に宣言、同時に党組織の政治部門を「民主人民連合」、武装闘争部門を「人民防衛軍」と改称した。これはＰＫＫ内部で、武装集団から合法的な政治組織へ衣替えを目指す勢力が、優位に立とうとしていることを示すとみられた。ここで武装闘争やテロ行為を再燃させると、オジャランの死刑が執行されることを恐れたＰＫＫ執行部の方向転換でもあった。

党首オジャランの収監によりＰＫＫの武装活動は下火に向かったことは間違いない。だが、二〇〇〇年八月末に、領内のＰＫＫを衛星で監視していたトルコ軍がＰＫＫ戦闘員四人を殺害、残り十数人がイラン領へ逃げ込んだと伝えられた。トルコの専門家は「ＰＫＫはいまだに国外（注　おもにイラク、イラン、シリア）に武装闘争員一万人を抱えていると思われる。この武力が維持される限り潜在的な脅威であることに変わりはない。ただし、全面恩赦が実施されるならば彼らは武器をおくだろう」と語っている（二〇〇〇年九月一八日付、トルコの英字日刊紙 Turkish Daily News）。

死刑判決への国際的な反応

世界の新聞、テレビ報道が、ＰＫＫ党首オジャランの逮捕、トルコ送還を一斉に伝えたのは、一九九九年二月一七日のことであった。赤道直下のケニアのナイロビで身柄拘束、母国トルコへ移送されたのだった。イスタンブール空港から直ちに監獄島イムラルに収容された。

ＰＫＫの活動自体が、国境を接するイラン、イラク、シリアを大きく巻き込んでいただけでなく、間接的には西欧各国にも波及していた。欧州の主要都市に根を張るＰＫＫ支部が抗議行動を呼びかける緊急連絡を流す。同時に、欧州では最大のクルド人口を抱えるドイツのボン、フランクフルト、デュッセルドルフ、ケルン、ベルリンをはじめ、ロンドン、ウィーン、ストックホルム、ハーグ、コペンハーゲン、アテネ、モスクワなど欧州各地、さらにはカナダ、オーストラリアまで、世界各地で在留クルド人による激しい抗議行動が爆発した。ナイロビでの身柄拘束のきっかけを提供したとされるギリシャの大使館がおもな標的とされ、多数のクルド人が押しかけ占拠、館員を人質にとった。ジュネーブの国連欧州本部にも乱入した。抗議の焼身自殺をはかったクルド人女性もいた。ベルリンでは、イスラエル総領事館に乱入しようとしたクルド人デモ隊のうち四人が、イスラエルの警備隊員に撃たれ、死亡した。イスラエルが抗議の対象になったのは、ここ数年イスラエルが軍事面でトルコと協力関係を深めていることや、逮捕にイスラエルの情報機関モサドがかかわったとの噂が流れたためだった。

逮捕は、トルコの首相エジェビット自らがものものしく発表した。これに対して、ドイツの内相シリーが直ちに記者会見し、「死刑判決は出すべきでない」と語った。イタリアの外相ディーニも死刑を適用しないように、との声明を発表。いずれも対トルコ関係の微妙さをあらわにした。長年、欧州連合（EU）への加盟を熱望しているトルコ政府に対してEU主要国は、加盟に色よい返事をしていない。特に、約五〇万のクルド人口を抱えるドイツは、オジャラン逮捕の余波がこれ以上ドイツ在留クルド人に波及して、ドイツ国内にいっそうの混乱が生じることを懸念した。

PKKの武装活動が西欧諸国を巻き込んだのは、反政府運動としては当然の作戦であった。欧州諸国に在住するクルド人の数が近年急増している時代状況がいっそうそれを増幅した。トルコ政府側は、あくまで国内治安問題として対処したかったのだが、国際的な波紋は避けられなかった。西欧諸国はこれを人権抑圧ととらえ、折からEUへの加盟を悲願とするトルコへの批判材料とした。トルコのEU加盟が、トルコ政府の長年の熱望にもかかわらずなかなか実現しないのは、おもに経済的条件をクリアできないのと文化的背景の違い（これまでの加盟国は全部キリスト教国。トルコはイスラム教国）だが、クルド抑圧もその一因とされているのだ。

党首オジャランの逮捕直前の逃避行も国際的であった。身を寄せていたシリアのダマスカスからの出国が確認されたのは、前年一九九八年の一〇月一九日。シリアは国内に一〇〇万余りのクルド人口を抱え、かねて仲のよくない隣の大国トルコに対する外交の切り札のひとつとしてクルド寄りの姿勢をとり、トルコ政府のお尋ね者、PKK党首オジャランに避難場所を提供していた。そのシリアがトルコの軍事的圧力に屈して、同党首の保護を取りやめたため、シリアにいられなくなったのである。もともとマルクス・レーニン主義者とみられ、ロシアの大物政治家の支援を受けていたといわれる同党首は、まず一一月初めにモスクワへの亡命を試み拒否された。次いで、ローマ空港でイタリア当局に拘束、軟禁された。年が明けて再びモスクワへ向かおうとしたが、トルコと米国がロシア政府に拒否させた、といわれる。そこでフランス、ドイツ、オランダへの入国を打診したが、いずれも拒否され、ギリシャのコルフ島を経由して、九九年二月二日ケニアのナイロビにたどりつき、同地のギリシャ大使館に保護を求めた。ギリシャは、長年にわたりトルコに対して深い怨念を抱く国である。そのギリシャが、党首オジャランの要請を容れて二週間にわたって匿《かくま》いながら、なぜ身柄をトルコ当局に引き渡したのかはナゾである。前年に米大使館爆破事件のあったナイロビには、まだ米連邦捜査局（FBI）の捜査官が滞在していて、トルコのために一役買った、との説（一九九九年二月一九日付、米ロサンゼルス・タイムズ紙）もある。

マルクス・レーニン主義から民族運動へ

アブダラ・オジャラン。あだ名は〝アポ〟(東部トルコでアブダラの省略形)。一九四九年生まれ。トルコ南東部のシリアと境を接するウルファ州の貧しい農村に育った、とされる。トルコで左翼勢力が盛んだった一九七〇年ごろ、首都アンカラで政治学を学んでいた学生時代にマルクス・レーニン主義に傾倒した。七六年に活動の根拠地をクルド地域に移した。以後、独裁的リーダーとして活動。「クルド労働者党」という名の示すように左派として出発、次第に重点を階級闘争からクルド解放闘争に移した。クルド人口の密な地域の生まれであるが、両親の一人はクルド人ではなく、彼自身もトルコ語で育ち、教育をうけ、クルド語はしゃべれないという。彼の指導者仲間もほぼ同じで、むしろそうした民族としての喪失感が、かれらの民族意識を燃え立たせたともいわれる。

ＰＫＫは武装闘争の初期からシリアに拠点を設け、中東一円の武装グループの多くがそうであるように、実質上シリアの支配下にあるレバノンのベカー高地で戦闘要員の訓練をした。戦闘員にはトルコのクルド地域の貧しい青年や欧州在住者が多く、民族の大義に燃える若い女性も少なくなかった。

党首オジャランは峻厳な性格で、根拠地のキャンプでは、仲間はその前では足も組めなかった、といわれていた。オジャランと仲たがいして幽閉され、レバノンのベイルートに逃げ出したかつての側近セリム・キュルカヤがその手記でいう。「彼はＰＫＫを完全にスターリン流に運営し、仲間うちのライバルや同じクルド人でも、裏切り者には容赦なく処刑で臨んだ。あるときは、バスで移動中のトルコ軍の丸腰の新兵二〇人を殺害した。またあるときは、理想に燃えて南部後進地域に赴任途中の若い小学校教師を殺した。その新婚の妻は許したが、本人が殺してくれと言うと、妻も殺した」。

死刑判決の前月、五月の求刑のとき、同党首は獄中からＰＫＫの主張の根幹であるクルド分離、独立要求を撤回した。さらに判決後の八月三日には武装闘争の中止を宣言、戦闘員のトルコ領外への撤退を指示した。これには「戦術のひとつ」と「単なる命乞い」との見方が交錯した。二〇〇〇年に入ってからは、逃走劇の始まる前のシリア潜伏中の私行が、告白の形でトルコ政府側から漏らされ活字で流布された。それによると、党首オジャランはトルコ国内での闘争を隠れ家からおもに電話で指示していたが、実生活は複数の女友達に囲まれたぜいたくな暮らしだったという。ＰＫＫのおもな資金源のひとつが年間六―七トンにものぼる麻薬の密輸であったとも伝えられた。

第三章　イラクの「クルド地域政府」

湾岸戦争の遺産

トルコのＰＫＫの武装活動と並んで、二〇世紀末になって国際的に注目されたクルド解放運動のもうひとつの露頭は、イラクの「クルド地域政府」である。一九九〇年から九一年の湾岸戦争の遺産であり、実質的には米国の保護の下に生まれたのであったが、クルド人にとっては大きな成果であった。クルド問題がこのような国際的な注視を浴びたのは、第一次大戦後、一九二〇年のセーブル条約から実に七〇年ぶりのことであった。

「絶好のチャンス到来」——一九九〇年八月二日朝、イラクの「クルド愛国同盟」（ＰＵＫ）の党首ジャラル・タラバニは、滞在先のシリアのダマスカスで隣人にたたき起こされて、イラク軍のクウェート侵攻を聞いた。そのとき、そう直感した、と後に語っている（一九九一年三月二七日付、米ニューヨーク・タイムズ紙）。結果的には、この湾岸戦争が、タラバニの直感どおり「クルド地域政府」の樹立のきっかけになった。が、このとき彼が具体的にことの成り行きを予想していたわけではなかった。

サダム・フセイン政権のイラク軍のクウェート侵攻に対して、翌九一年一月一七日に米軍主導の多国籍軍が戦端を開いた。多国籍軍はクウェートを奪い返し、二月二八日に戦いは同軍の圧勝に終わった。しかし、米主導軍はクウェート奪還でひとまず鉾《ほこ》を収め、イラク国内までイラク軍を追い詰めようとはせず、フセイン政権は生き残った。「クルド」が動き出したのはそのとき、湾岸戦争が実質的に終わってからである。

湾岸戦争の最中、クルド人は静かにしていた。大統領サダム・フセインの中央政府からの毒ガス攻撃への恐怖もまだ消えていなかった。米国寄りのトルコのオザル大統領は、「トルコ、イラン、シリアは、クルド人の存在が湾岸危機で浮上することは許さない、という点で合意している」と公言していた。

イラクが米主導軍に敗北するや、まずサダム・フセイン政府（イスラム教スンニ派）に対して、もともと反抗的なイラク南部のアラブ人シーア派が蜂起した。これに呼応するかのように三月四日、クルド地域でもクルド組織の戦闘員が政府軍兵営を襲い、襲撃はクルド地域全域に広がる。ドフーク、エルビル、ザッホ、スレイマニヤなど重要拠点を次々に奪った。この蜂起には、政府軍からの逃亡兵、政府に雇われていたクルド人軍隊が加担し、さらに政府軍部隊の中には、地元のクルド人有力族長の説得で蜂起を見過ごした部隊まであった。このとき珍しく、クルド側は足並みをそろえて、戦闘員は一万五〇〇〇人からいっきに一〇万人に膨れあがった。九日には、目指す石油地帯キルクークを陥れる。ＰＵＫと「クルド民主党」（ＫＤＰ、マスード・バルザニ党首）はたちまち、クルド住民が多数を占めるスレイマニヤ、ドフーク、キルクークなどを解放区とした。だが、湾岸戦争敗北後も余力を残していたフセイン政権のイラク軍は、四月にはいると難無く解放区をふたたび制圧した。

イラク国内体制の全面的崩壊と混乱を望んでいなかった米国は、戦争中からフセイン粉砕をためらっていて、クルド支援を積極的にはしない。バルザニとタラバニは「ブッシュ米大統領はイラク人民の蜂起を促していたではないか」と不満をぶちまけた。しかし、米主導軍の目的であるクウェート奪還はもう終わっていた。

イラク政府軍はクルド人婦女子五〇〇〇人を人質にとり、重火器、空軍機支援の下に戦争中も温存してあった虎の子の「共和国防衛隊」をクルド地域にまわした。たちまちキルクークをはじめ主要拠点を奪い返す。クルド人虐殺も繰り返された。一五〇万人近いクルド人難民が、まだ雪の深い山中を着の身着のままでトルコやイランへ逃れようとしたが、避難行の路上で多数が政府軍ヘリコプターからの爆撃で死んだ。一方、トルコは国境で難民の流入を拒んでいた。

国連安全保障理事会は、一九九一年四月五日に決議六八八号で、ようやくイラク政府の抑圧政策を、特にクルド人の名をあげて、非難した。国際機関が公式にクルド人に言及したのは、一九二〇年代半ばの国際連盟による現イラクのモスル県帰属問題以来、七〇年ぶりのことであった。

「快適提供作戦」と「安息地帯」

難民も含めた苦難のクルド人に、米軍は四月初めからパラシュートで食料を投下し始めた。クルド人居住地帯との境目にはイラク政府軍が厳しい布陣を張っていたからである。このあたり、米国の本音はフセイン政権へのゆさぶりだが、表向きは人道上の援助であった。米軍はこれを「快適提供作戦」と名づけた。同時に米国は、クルド人保護のためにイラク北部の北緯三六度線以北をイラク空軍機の飛行禁止ゾーン「安息地帯」とした。イラク機を排除したうえで、米主導軍がトルコ南部のインジルリク空軍基地から毎日パトロール機を飛ばして、クルド人居住地域の安全を確保した。これでイラク政府側のクルド人に対する軍事的抑圧は難しくなり、北方に避難していたクルド人が戻り始め、国際的な救援活動が始まった。クルド人難民の九割以上が五月末までにトルコやイランからイラク領内に戻った。最盛期には同基地に米欧軍の戦闘機五一機、ヘリコプター八機、兵員一八〇〇人が駐留した。米主導軍によるイラク空域カバーは、イラクの主権を侵害するものだが、米国はクルド問題でイラク政府を非難する国連安保理の決議六八八号に基づく、と主張した。米欧軍機は九三年になってもイラク軍側の対空砲火に対して爆弾を投下したり、イラクのレーダー施設にミサイル攻撃を加えたりした。こうした監視体制は九〇年代末になっても続いた。地上でも九一年四月からイラク北部のザッホに小規模ながら米、英、仏軍が駐留し、難民センターを設けるなど救援活動と治安維持にあたった。これに対してイラクの外相ホダイルは「内政干渉」と非難の声を上げた。

クルド史上初の選挙

一方でクルド人とイラク中央政府の交渉がテーブルの上で進んでいた。PUKのタラバニ議長は一九九二年四月末、首都バグダッドで「イラクの統一、独立を維持したうえで、民主化を進め、クルド人の自治を拡大する」ことでフセイン政権と合意した、と発表した。これに基づいて、PUK「クルド愛国同盟」と、それに並ぶKDP「クルド民主党」を二本柱としたクルド地域の反中央政府組織「イラク・クルディスタン戦線」が選挙の準備を進めた。そうした手続きの最中にも、イラク政府軍とクルド人組織の戦闘員との衝突、小競り合いは止まなかったのだが——。

こうしてクルド人地域では史上初めてというべき選挙が、九二年五月一九日に行われた。トルコのインジルリク空軍基地から飛来する米主導軍の戦闘機が、低空飛行してイラク中央政府を威嚇《いかく》する中での投票ではあったが、ここに至るまでのこの地域の長年の混乱と不統一、解放運動内部でのPUKとKDPの果てしない抗争を考えると、それまでには想像もできなかったほどの秩序ある選挙であった。総議席一〇五のうち、KDPとPUKがそれぞれ五〇議席ずつ、アッシリア・キリスト教徒が五議席を獲得。議長の選挙ではバルザニ四八パーセント、タラバニ四五パーセントと伯仲し、以後二人が共同議長をつとめることになった。

選挙ののち七月四日に、〝首都〟エルビルで各組織代表一五人からなる執行評議会（内閣）が発足した。イラク中央政府はむろん〝クルド地域政権〟を認めず、イラク議会はこれを非合法と声明した。しかし、クルド議会は、十月に中央政府とクルド政権との「連邦国家」構想まで宣言した。

KDPのマスード・バルザニ党首によれば（一九九四年一月二一日付、米ニューヨーク・タイムズ紙）、〝クルド政権〟は分離独立を目指す運動ではなく、少なくとも当面の目的は自治区を創設してフセイン政権に協力することである。中央（バグダッド）に民主的な政権ができれば、イラクの領土統一には賛成である。実際のところ、クルド地域政権には独自の国旗やパスポート、通貨の類はない。法律もすべてイラクの国内法が生きている。あくまでイラクの一部であることを示すために、警察官はわざわざ中央政府の警官とほぼ同じ制服を身につけた。クルド地域政権は、裁判所、警察と戦闘員三万六〇〇〇の「軍隊」を持ち、独自のテレビ局、一五〇〇の小中学校、二四の病院を運営、徴税、郵便配達、ゴミ収集も実施して、行政の形を整えた。

フセインの経済封鎖

しかし、民生は二重苦にさらされていた。経済の面では、国際的には対イラク、国内的には対クルド の二重の禁輸措置にあえいだ。もうひとつはフセイン中央政権の軍によるクルド人砲撃、それにイラク側に逃げ込んでいるイランのクルド人めがけてのイラン軍からの砲撃である。

イラクのクルド人は伝統的には農業と牧畜が生業だったが、近年は人口の三分の二がエルビル、スレイマニヤなどの四つの都市に集まっている。医師や技術者には外国で教育を受けた者も多い。クルド人側によれば、湾岸戦争に至るフセイン政権二〇年の弾圧で五〇〇〇の村落のうち四五〇〇が破壊された。加えて湾岸戦争前と戦中に隣国トルコ、イランに避難、流出していた膨大な数のクルド難民が帰ってきた。スレイマニヤ市は難民の帰還で人口が二倍の八〇万に膨れ上がっていた。

国連安保理は、九二年一〇月二日の決議七七八号で対イラク人道援助を決めた。総額二億ドルのうち九〇〇〇万ドルが、フセイン政権の経済封鎖にあえぐクルド地域向けに充てられた。食料や医薬品は、イラクのクルド人にとって外界との唯一のパイプ、隣国トルコとの山地国境を通じて送られてきた。米国政府は、クルド側の要請に応じて一九九三年一年間に、一億五〇〇〇万ドルを援助し、農業機械や農作物の種子を送った。しかし国連の援助は七〇万人分しかなかった。餓死はなかったが、栄養失調が広がった。不慣れなクルド政権による小麦、大麦の買い上げがうまくいかず、多くが密輸出に回った。

大国保護下のもろさ

クルド地域政権の支配地域とバグダッドの中央政府の支配地域の境界には、政府軍が厳しい布陣を張って対峙《たいじ》しているが、クルド政権が永らえたのはただひとつ、湾岸戦争で敗れたイラクを取り巻く国際環境、米国のクルド保護のなせる業である。

一九九二年七月、KDPのバルザニ、PUKのタラバニらが訪米し、ベーカー国務長官、スコウクロフト安全保障問題担当補佐官に会い、クルド援助を要請した。さらに翌年四月にもバルザニは、反政府組織の「イラク国民会議」の代表として訪米し、ゴア副大統領、クリストファー国務長官に物心両面での援助を求めた。

米国がこうした要請に応えたのは、あくまでフセイン政権の不安定化を促進するところに狙いがあった。湾岸戦争終了後にやはりフセイン政権に叛旗をひるがえした（クルド問題とは全く無関係の）イラク南部のイスラム教シーア派に対する支援と同列のものであり、必ずしもクルド民族主義への同調ではない。

フセイン政権は、湾岸戦争に至るまで、クルド人を抹殺しようとしているとみられるほど弾圧していた。そして、米国をはじめとする西側は湾岸戦争直前に至るまで、フセイン政権に多大の武器と借款を与えていた。イランのイスラム革命の輸出を恐れていた西側は、イランと対立していたイラク政府を支援していたのである。

湾岸戦争後にクルド保護に転じたのは、人道上の理由もあったとはいえ、イラク政府敵視にともなう大国のご都合主義であろう。それは、今世紀までにクルド人が何度も飲まされた苦汁である。フセイン政権が崩れ、その後に米国が是とする政権がイラクに出現して、米国がクルド保護から手を引き、クルド人が再び中央政府と厳しく対決しなければならない時期がくることを、イラクのクルド人は恐れている。皮肉なことにフセイン政権が、「クルド地域政府」存続の保険の役を果たしているのである。

第四章　クルド人とは

正確な人口が分からない

クルド人の人口について、信頼できる正確な数字はない。欧州の専門家の推定によると、二〇世紀末で、二〇〇〇万から二五〇〇万とされる。三〇〇〇万近いという見方もある。中東の民族人口としてはアラブ、トルコ、ペルシャ（イラン）に次いで四番目、中東の全人口の約一五パーセントを占める。トルコ共和国に最大の一二〇〇―一三〇〇万（総人口の約二〇パーセント）、イラン・イスラム共和国に六〇〇万（同一〇パーセント）、イラク共和国に三五〇―四〇〇万（同二三パーセント）、シリア・アラブ共和国に一〇〇万強（同九パーセント）、旧ソ連のアルメニア、アゼルバイジャン両共和国に一〇―一五万、このほかロシアに三〇―一〇〇万。ブリュッセルのクルド文化研究所によれば、西欧に推定一五〇万、そのうちドイツに最大の五〇万以上。ドイツは、一九六〇、七〇年代に外国人労働力としてトルコから大量の移住者を受け入れた。その中に多くのクルド人が含まれていた。すでに二世、三世も育っている。

人口が正確につかめないのは、クルド人側から見れば、居住地が多くの国にわたっている、遊牧民を含めて定着していない者が多い、居住地が急峻な山岳地帯、過疎地帯にわたる、算定するための組織、能力、意欲に欠ける、さらにクルド民族主義者は実態より多めに見積もりたがる、などの理由がある。中央政府の側でも、トルコのようにクルド人の存在そのものを公式には認めてこなかった国もあるし、各国とも算定の能力に不足がある。加えて政府は、反政府の色合いの濃い少数民族の人口は少なめに言いたがり、同化を言いたてる。クルド人地域への国家収入の還元額や経済開発投資を抑えたい、などの思惑も働く。

トルコでは、クルド人地域の出生率は、一九九〇年ごろの公式統計で二・七五と、国内の他の民族に比べて二倍近い。このまま推移すれば、総人口に占めるクルド人の数は急激に増えると予測されている。

トルコのある知識人は、二〇世紀末の国内のクルド人口を多く見積もっても八〇〇万から一〇〇〇万、と筆者に断言した。前述した欧州の専門家の数字との隔たりは説明がつかない。

クルディスタン

その居住地はクルディスタンと呼ばれている。イラン西部国境を北西から南東に走るザグロス山脈地帯、ザグロス、トロス両山脈の交差する地帯、西方に向かって丘状にイラクのメソポタミア平原、北西はトルコのアナトリア高原に連なる。急峻な傾斜地や棚状の地形地帯、そしてそれが平原に向かってゆるやかに広がる地帯である。その広がりは五〇万平方キロを超え、大半は山岳地帯である。民族としての開化が遅れたのも、二〇世紀に入ってからこれまでに「民族闘争」のゲリラ戦で政府の正規軍や外国軍隊に抵抗し続けられたのも、この地勢によるところが大きい。

クルド地域はかつては森林に覆われていたが、長年の間に材木用、燃料用に伐採され、またその若芽は山羊の食料にされたりして、荒廃した。気候は、穏やかなメソポタミアの丘と平野から、年のうち五カ月は雪に閉ざされる北東トルコまで変化に富む。トルコのクルド人最大の都市ディヤルバクルの平均気温は、八月が摂氏三〇度、一月はマイナス五度である。

トルコではクルド人居住地の中心は南東部にあり、アルメニアやイラン、シリアとの国境、アナトリア高原、及び首都アンカラの西と北東にもある。近年はイスタンブール、イズミールなどの主要都市にも数多い。都市部住民の多くは、二〇世紀前半からの同化政策や一九八〇年

トルコのバン湖に近い山中のクルド人集落

代からの治安部隊による追い立てで南東部辺境から移り住んだ。
　イランでは、北西部のトルコやアゼルバイジャンとの国境からザグロス山脈を南へ、イラクの首都バグダッドと同じ緯度までのイラク国境沿いにある。それとは離れて、カスピ海沿岸、東部のホーランサン州トルクメニスタン国境沿い、パキスタン国境に近いバルチスタン、南部石油地帯、都市ではタブリーズ、首都テヘラン。
　イラクでは、イランやトルコとの国境沿いに幅広く、シリアとの国境の北西部隅や首都バグダッドにもある。
　シリアでは、主要都市の一つアレッポの北へトルコ国境沿いに固まっている。一九二〇年代のトルコでの抑圧を逃れてきた人が多い。一方で、首都ダマスカスを見下ろす丘の上には数世紀来のクルド人集落がある。

現在イランにクルディスタン州という州がある。ここに住むのはイランのクルド人のごく一部にすぎないが、ともかく「クルディスタン」という呼び名が公式に存在するのは、各国の中でここだけである。最近の話だが、イラン政府の要人が「クルディスタン号」という名の自国航空機でトルコを訪問した際に、折からクルド人抑圧に躍起になっていたトルコ政府が怒って、着陸を拒否しようとしたというエピソードがある。

ロシア、旧ソ連、中央アジアにも

クルディスタンはいくつかの国に分かれているが、全体としていずれもごく近接してロシア、旧ソ連と地続きである。古くは、露土戦争（一八七七―七八年）でロシア軍が占領したトルコ領土の大きな部分がクルド地域であった。戦後のベルリン会議で西欧列強の意向により、ロシアはこれを放棄させられた。

クルド民族解放運動に旧ソ連が有形無形に深く関与したことは、本書のあちこちで触れることになる。マハーバード共和国（九章で詳述する）崩壊後にイラクのムラー・ムスタファ・バルザニが一一年間の亡命生活を送ったのも、トルコＰＫＫの党首アブダラ・オジャランが九八年から九九年にかけて再三亡命を試みたのも旧ソ連、ロシアであった。そしてソ連の影響が強かった各国の左翼、共産党は例外なく、反中央政府の姿勢においてクルド解放運動寄りであった。

ロシア自身、そして旧ソ連もクルド人口を抱えている。ロシアの「クルド」が過去も今もさして目立たないのは、大国ロシアの膨大な人口の中で占める比率が小さかったからである。旧ソ連のトランス・コーカサス、中央アジア地方にはかなりのクルド人が住んでいる。

グルジア、アルメニア、アゼルバイジャン各共和国のクルド人は、一九世紀にオスマン・トルコ帝国での宗教的迫害や同族クルド人との宗教上の争いから逃げ出してきた人たちが多いが、古く一六世紀から住む人もいる。トルクメニスタンのクルド人は、やはり一七世紀初めにイランの北東国境を守るために定着した人たちといわれる。アゼルバイジャンのクルド人が固まって住んでいる一地区で、一九二〇年代初めにほんのわずかの期間「赤いクルド」と呼ばれた自治地区が実現したこともあったが、間もなく吸収された。アルメニアでは三〇年代に首都エレバンで共産党後援のクルド語の新聞が発行されたが、ソ連首相スターリンに疑惑の目で見られ、廃刊させられた。そして三〇年代から四〇年代には、スターリンの民族政策により数万のクルド人がトランス・コーカサスから中央アジアやシベリアに追放された。この時に移り住んだクルド人の社会が、カザフスタン共和国やキルギス共和国に二一世紀初頭の現在も残っている。

スターリン時代が終わって五〇年代から六〇年代には、アルメニア共和国ではようやくクルド語の新聞、出版物が認められ、高等教育にクルド語課程が設けられた。首都エレバンからのクルド語放送は、トルコ、イラン、イラク各国のクルド人が耳を傾けたという。

一九九五年一一月、在欧クルド亡命議会(KEP)が第三回会議をモスクワで開いた。開催を許したロシア政府の姿勢は、クルド抑圧に必死になっていたトルコ政府をいたく刺激した。翌九六年、ロシア連邦のひとつ、チェチェン共和国の独立運動がロシア軍との武力紛争に発展した。チェチェン共和国はトルコとは目と鼻の先(しかもクルド地域に近く)に位置し、トルコは国内に三万人のチェチェン出身人口を抱えている。トルコ政府は、いまもなお続くチェチェン紛争で、有形無形にチェチェン共和国に肩入れし、ロシアの不興を買っている。

言葉はペルシャ語系

クルド語は、インド・ヨーロッパ語族の古いペルシャ(イラン)語系である。多くの方言を大きく二つに分けると、北部のクルマンジー語と南部のスラニ語という分類になる。三つに分けると、一つはトルコ語の影響を受けたトルコ領内のザザ方言、もう一つはトルコとイラクの方言を含むクルマンジー方言、三つ目がイラクとイランの方言を含むクルディー方言である。相互に理解できないほど大きな差はないが、谷ごと、部族ごと、村ごと、集落ごとに少しずつ違う。このことがクルド人相互の間の対立や反目の一因ともなっている。イラン人は、クルド語をペルシャ語の方言だと軽視するが、言語学者は、言語学上は方言ではない、と指摘している。

独自の文字をもたない

いずれも固有の文字をもたず、地域によってトルコではラテン文字、旧ソ連でキリル文字、イランとイラクでペルシャ文字、他にアラビア、アルメニアの各文字で表記されてきた。峻険な山岳地帯の地勢とともに、方言、表記の多様さが、クルド人の民族意識と文明開化の遅れの一因となってきたのだ。しかし、自治、分離、独立を求める主張の核として、クルド人は常にクルド語使用の公認を要求してきた。確立した統一言語と統一表記を欠いていることが、クルド人としてのまとまりに決定的に不利であった。

トルコでは、一九二三年のトルコ共和国成立から一九九一年にオザル大統領が許すまで、七〇年間近くクルド語は禁止された。クルド語の本は欧州で印刷され、密輸入されてきた。イラクでは、第一次大戦後委任統治した英国とその後のアラブ支配者ともに、渋々あるいは部分的にクルド語による教育、新聞、書籍、放送を認めた。イランでは、第二次大戦前のレザ・ハーン時代からホメイニのイスラム共和国までクルド語による教育、出版は禁じられた。同共和国成立後の四年間だけ認められたが、再び禁止された。

イスラム教主流のスンニ派

クルド人のほぼ七五パーセントがイスラム教主流のスンニ派、次に一五パーセントがイスラム教少数派のシーア派である。シーア派クルド人は、イランのクルド地域の南端ケルマンシャーを中心に集まっている。トルコのアナトリア高原中央部のクルド人の間では、アレビ派が優勢である。スンニ派が多数を占めるトルコの中で、アレビ派は二〇〇〇万人と推定され、そのうち三―四〇〇〇万人がクルド人といわれる。トルコ共和国初期の一九五〇年以前、ムスタファ・ケマル・アタチュルクの唱えた世俗国家を推進したトルコ政府は、国内主流のスンニ派（トルコ人であろうと、クルド人であろうと）を抑圧した。一方アレビ派は世俗国家の強力な支持者だった。もっとも、政府にとってアレビ派全体とクルド人全体の同盟は悪夢である。アレビ派のクルド人は、宗派と民族の二つの意味で少数派である。時に宗派として、時に民族として行動するという、その基準によって、アレビ派はトルコのクルド民族運動を複雑にしている。

一九九五年三月にイスタンブール、アンカラ、イズミールなど主要都市で起きた暴動の際に、特にイスタンブールでアレビ派が標的にされ、二〇人が射殺され、多数が負傷した。政府が、アレビ派内部の穏健派を支持して、同派の内部分裂をはかったものと指摘された。

トルコのアナトリア高原東部にはキリスト教徒が住んでいるが、これはクルド語を話すアルメニア人である。クルド人のなかには、二〇〇〇年このかたユダヤ教徒もいて、その中で一九四八年のイスラエル建国時におもにイラクからイスラエルに移り住んだ人々は、今でも自分たちはユダヤ人ではなくクルド人だ、と考えている。

（注）

スンニ派……預言者ムハンマドの言行スンナに従う生き方を重視するイスラム教の主流多数派。世界のイスラム教人口全体の約九割。

シーア派……イスラム教人口の約一割の少数派。預言者ムハンマドから数えて第四代目の正統派カリフ（神の使徒の代理人）であったアリー（預言者ムハンマドの従兄弟で、ムハンマドの娘ファーティマの夫）の次子フサインとその子孫に、イスラム共同体を指導する権能が備わっていると信じる。アリーは六六一年、フサインは六八〇年それぞれ暗殺された。フサインの殉教は「カルバラーの悲劇」と呼ばれ、この日イスラム暦一月一〇日は、「アシュラの日」としてシーア派では今でも盛大に悼まれる。シーアという言葉は「党派」を意味する。シーア派人口が多数派をしめるのは全イスラム国の中でイランとイラクだけ。スンニ派に比べると、宗教上も政治上も、過激、戦闘的といわれる。

アレビ派……その慣習、儀式、伝統においてイランのイスラム教シーア派の系統ではあるが、前イスラム的な要素や拝火教（ゾロアスター）が入り交じっている。スンニ派より、女性を男性と平等に扱い、酒や歌舞音曲に寛容で、このためにスンニ派と反目することがある。

ドゥバイジットの路傍でブドウを売るクルド人親子

暮らしと社会

古来、クルド人の生業は、山間部では遊牧で、夏は山羊と羊を高地に追って暮らしていた。山麓や丘陵地帯、平野部では農業だった。生活は部族単位で、経済的にも精神的にも、封建領主のような部族長への従属が基本であった。オスマン・トルコ帝国（一二九九—一九二二年）支配下で、おもなものだけで三〇五の部族数が記録されている。数百戸どころか、テント二〇戸で一部族という細かさであった。こうした細分化が、領主間の利害、反目とからんで大同団結を阻んだのである。

二〇世紀に入ると、主な生業は農業に移り、特に第一次大戦後は穀物、綿花、たばこなどの農耕による定着生活にはいるものが増え、遊牧は減った。今では、クルド人地域での穀物生産量の割合は、トルコで生産される穀物量の一五パーセント、イラン、イラクでは三〇―三五パーセントに達する。

二〇世紀後半には、中高等教育を受けた都市生活者も増え、伝統的な部族社会も大きく変わりつつある。トルコやイラクの中央政府が、クルド社会を根こそぎぶち壊すことを狙って、暴力による追い立て政策をとったため、多くのクルド人が伝統的な部族社会を離れて都市への流入を余儀なくされた結果である。

華やかな新年の祭り

クルド人の暮らしの中で最もにぎやかな行事はヌールーズだろう。ペルシャ語で「新しい日」の意味である。十二宮の最後一二番目の双魚宮を太陽が離れる時だ。ペルシャ暦で新年が明ける三月二〇日前後の、昼夜の長さが同じになる日に、暗い冬の憂鬱を追い払い、自然の春の目覚めを祝う。ヌールーズ直前の水曜日には日没とともに、かがり火をたいて悪魔払いをする。まきや柴を燃やし、その回りを家族が取り囲んで歌ったり、走ったり、炎を飛び越えたりする。

ヌールーズの二、三週間前から、「七つの象徴」と呼ぶ飾りをしつらえる。テーブルの上に甘い菓子、コイン、緑の野菜、ヒヤシンスの花、ニンニク、干した果物、酢をのせる。それぞれが真実、正義、よき思慮と行い、繁栄、徳、不死、寛容を象徴する。

ヌールーズから一三日たつと、家族そろって戸外に出て、飲んだり、食べたり、ゲームに興じたりして祝う。これからの一年悪魔を遠ざけ、家族一同が安穏に暮らせるよう祈るのである(Radio Free Europe)。

こうした風習は紀元前のゾロアスター教に起源をもち、インドの一部、パキスタン、アフガニスタン、中央アジア、イランで広くみられるが、クルド地域では特別に大切なお祭りである。トルコでは共和国成立後にクルド地域でのヌールーズが公式に禁じられ、わずかに規制がゆるんだのは、二〇世紀末の数年のことである。旧ソ連は民族政策のひとつとして中央アジアでこの祝祭を禁じたし、ゾロアスター教発祥の地のイランでさえ一九七九年のホメイニ革命直後に禁じようとしたが、これは民衆の反感が強く禁止できなかった。

山の他に友なし

「われらが唯一の友は山々」というクルドの古い格言がある。不羈《ふき》独立の尚武《しょうぶ》の気風を示すとともに、外界となかなかなじまない閉鎖性を表している。それが自主独立を求める激しい気風となった。一方で、部族長は絶対の権限をもって部族民に臨み、部族民は部族長に無条件で服従する。長年の遊牧生活では、そうする以外に生き残る道はなかった。そこから、「頭目が互いに争っている時にしか団結できない人々」という厳しい見方が出てくる。この部族的な結び付きだけを重視する視野の狭さが、時に狷介《けんかい》さとなり、小さな単位で反目しあい、団結ができない。それが常に組織とそのリーダーシップの欠如につながり、民族解放闘争の力を大きく殺《そ》いできた。執拗に戦いながらも、そして時に部分的な勝機に恵まれながらも、いまだ十分に成功しない大きな要因となっているのである。

クルド人の、戦士としての素質の優秀さについては、定評がある。古くは紀元前四世紀のギリシャの軍人・歴史家クセノフォンから、一九世紀のプロイセンの大戦略家モルトケまでさまざまに言及している。七世紀にはすでにゲリラ戦の勇敢さで知られていた。近くは、第二次大戦の対ドイツ軍ミンスク解放戦で、ソ連赤軍のクルド特別連隊の活躍が欧州では称賛された。

二〇世紀前半から世紀末まで、居住各国内で自治を求めて、あるいは抑圧に抗して起こした数々の武装闘争で、中央政府や西欧列強の正規軍に手を焼かせた。兵員数でも武器でも常に劣勢にありながら、命を惜しまぬ勇猛さ、山岳地帯の地勢と気候をフルに活用する優れたゲリラ戦術、それに狙撃兵としての群を抜いた資質が有名である。しかし、この地勢と素質はゲリラ戦で大いに有利に働いたが、近代兵器の発達によりその有利さは少なくなった。

民族意識の目覚め

地理的な意味での「クルド」は、一二世紀に登場したが、クルド人全体という枠の中でものを考えたクルド人は、一九世紀後半まではいなかった。

クルド人の間に、それも一部に「クルド人」あるいは「クルド社会」という意識がはっきり芽生えてきたのは、オスマン・トルコ帝国崩壊前後の一九二〇年ごろからである。新生トルコ共和国のイデオローグ、ディヤルバクル生まれのクルド人とみられていたズィヤ・ギョカルプが、文化と言語において自分をクルド人と考えたあたりが最初である。もっとも彼は、トルコ国民の定義づけはしたが、クルドの権利を主張したわけでもなく、クルド民族主義者ではなかった。

一九三六年に出版された初めてのクルド語の本、ムハンマド・アミン・ザキ著『クルドとクルディスタン』が民族の歴史への自覚をうながした。現在のクルド民族主義者は、クルド人がまとまりとして二〇〇〇年前から存在したと主張するが、これにはかなり無理があろう。文化の規模、内部組織が、場所、時期によってことごとく異なり、トルコ人、アラブ人、ペルシャ人と比べて、市民的文化や文字文化を確立できなかった点で不利であった。

活躍したクルド人

「クルド人は常に抑圧されてきた」とクルド民族主義者は主張する。だが、それはすべてについて必ずしも事実ではない。近代に入ってからもイラクでは、政権や軍部の中枢にクルド人を迎え入れていたし、トルコでも政治や経済の世界で活躍したクルド人は、決して少なくない。貧しい生活を強いられてきたとの主張はそのとおりだが、それは居住地がおもに辺境の山岳地帯だったために、経済開発が遅れたのである。こうしたことは、開発途上国だけでなく、先進国でさえも共通の現象である。

クルド人の存在が公式には認められてこなかったトルコ共和国でも、活躍したクルド人は多い。先のトルコの知人は「トルコの現国会議員五五〇人のうち二〇〇人はクルド系だ」と筆者に語っていた。その中で、クルド人であることを、隠した人、隠さなかった人、特に意識していなかった人さまざまである。クルド系であることを自認したり、出自を強調したり、公の場でクルド語を使うことを主張したりしない限り、差別はなかった。

クルド人の存在を認めないことにしたトルコ共和国の初代大統領ケマル・アタチュルクの死後、直接に後を継いで一九五〇年まで一二年間にわたって大統領をつとめた将軍イスメット・イノニュは、クルド系だったといわれる。一九七〇年代の軍参謀長だった将軍セミ・サンカー、八〇年代のエジェビット内閣の公共事業相セラフェッティン・エルチ、そして、その後の政党の自由化とともに登場した政治家にもクルド人は少なくなかった。一九八〇年代にクルド人への融和策で知られたオザルは、一〇年近く首相をつとめたあと大統領に就任したが、彼もまたクルド人だったとされている。

第五章　クルド前史

クルド人の誕生

肩から二匹の蛇が生えているペルシャの暴君がいた。ひどく痛かったが、蛇が人間の脳ミソを食べている間だけは、痛みが和らいだ。そこで王様は毎日、若者を二人殺して蛇に与えた。若者を宮殿に連れてくる役目の従者が、若者の運命を哀れみ、一計を案じた。若者は一人だけにして、もう一人分は羊で代用したのである。毎日、命を救われた若者一人が、人のいない険しい山奥に逃がされ、隠れた。やがてそこに、若者たちのグループができ、結婚し、子を産んだ。彼らが、クルド人と名づけられた。長い間人間世界から隔絶されていたので、独自の言葉が生まれた。森や山の中に家を建て、土を耕し、羊を飼い、そして彼らは草原や砂漠に広がっていった――これは一六世紀末に、現トルコ共和国地域のクルドのある部族長が書いたクルドの物語である。

あるいは、ソロモン王が魔神に「ヨーロッパへ飛んで五〇〇人の美しい乙女をハーレムに連れてこい」と命じた。魔神が戻ってみると、王はすでに死んでいた。魔神は乙女を自分のものにし、その子孫がクルド人になった……ともいう。

民族はインド・ヨーロッパ系

クルド人は隣り合わせに住むトルコ人、イラン（ペルシャ）人、アラブ人とは違う民族である。実際のクルド人は大筋として、インド・ヨーロッパ系と推定される。紀元前二〇〇〇年ごろから同一〇〇〇年ごろにかけて、ザグロス山中に移住してきたアーリア系のペルシャ人と土着民が混血し、その後アラブ、アルメニアなどのセム系諸民族とトルコ、モンゴルなどアルタイ系民族の移住、侵入によって民族が形成された。浅黒い肌と黒い髪という今日のクルド人の身体の特徴は、その中でできあがったとみられている。見た目には、南部欧州、アラブ、イランの人々とはっきりと区別はつかない。少数ながらブロンドで、青または灰色の目をした欧州系の血が入ったとみられる人々もいる。

シュメールの碑文に登場

クルド人は紀元前二〇〇〇年紀のシュメールの碑文にカルダカの名で登場するのをはじめ、バビロニアなどメソポタミアの古代国家の記録にさまざまな呼び名で現れ、前五世紀以後のギリシャ人の著書にも登場してくる。七世紀のイスラム教成立期にアラブ人に征服され、イスラム化が徐々に進み、「クルド」と呼称された。そのころクルドとは〝遊牧民〟を意味した。その後西アジアを舞台に興亡を繰り返した数多くの王朝の支配下に置かれ、他民族に命運を委ねる従属の歴史を辿った。アラブ系、ペルシャ系いずれの王朝の下でも、傭兵の部族軍として使われてきた。

クルド人は、ウマイヤ朝（六六一—七五〇年）、アッバース朝（七五〇—一二五八年）などアラブ人政権に対してしばしば反乱を起こした。一〇世紀後半にアッバース朝の中央集権体制が崩れてから、現イラン北西部にシャッダード朝（九五〇年ごろ）、ハサナワイヒ朝（九六〇年ごろ）、現イラクのモスル地方にマルワーン朝（九八三—一〇八五年）などクルド系の小さな地方政権を樹立したこともあったが、いずれも短命に終わった。マルワーン朝がトルコ人のセルジュク朝によって滅ぼされてからは、周辺の強い王朝に翻弄され続けた。一一世紀ごろにはクルドとは〝強奪者、略奪者〟の意とされた。

イスラムの英雄サラディン

多くの勇敢な将軍や戦士を生んだクルド人の中でも、サラディン（サラーフ・アッディーン、西暦一一三七もしくは三八―九三年）は歴史上、最も高名なクルド人である。現代でもアラブ人をはじめイスラム教圏の民衆の間で英雄として敬愛されている。彼は現在のイラク、チグリス河畔のタクリートの名門に生まれた。余談だが、ここは現イラク大統領サダム・フセインの生地でもある。フセインはクルド人ではないが、一九九一年に湾岸戦争でイラクを率いて米主導軍と渡り合ったとき、同郷のイスラムの英雄、サラディンの現代版を演じることが脳裏にあったことはまず間違いない、と考えられる。圧倒的な米主導軍に大統領サダム・フセインが挑むのは無謀とみられていたし、アラブ諸国のほとんどが米主導軍に加担した。その中で、アラブの民衆がサダム・フセインへ熱狂的な喝采を送ったのはそれを物語る。

サラディンの父親は、タクリートとその周辺をおさめるクルド人代官であった。サラディンは当時ごくありふれた道として、少年時代から父や叔父とともに現シリアにあたる地方でトルコ人の王子に仕えた。一一六八年、成人したサラディンは、叔父シールクーフの率いるシリア軍の三回目のエジプト遠征に参加して、ファーティマ朝のカイロに入城した。同朝の宰相に就任した叔父が死ぬと、サラディンは翌年推されて三〇歳の若さで宰相の地位を継いだ。これがエジプトのアイユーブ朝（一一六九―一二五〇年）の始まりであった。アイユーブとはサラディンの父の名であった。

サラディンのエジプト軍は一一七四年にシリアに進出した。エジプト軍の中核はトルコ人の奴隷兵と自由身分のクルド人であった。そのほかにも多数の騎馬兵クルド人が補助要員として加わっていた。そのころ、エルサレム（キリスト教、イスラム教、ユダヤ教の聖地であり、二一世紀初頭現在、イスラエルとパレスチナ暫定自治政府の間でその帰属が最大の問題となっている）をはじめ諸都市が、欧州から遠征してきたキリスト教の十字軍に占領されていた。サラディンはイスラムによる聖戦ジハドを呼びかけ、ダマスカス、アレッポ（いずれも現シリア）、モスル（現イラク）、ディヤルバクル（現トルコ）などから軍が続々集まり、イスラム軍の戦列が整った。

サラディンの軍はティベリアス湖を迂回《うかい》し、ヨルダン川を渡ってパレスチナに入り、有名なハッチンの戦いを制した。地中海岸の都市を次々に攻め落とし、ついに一一八七年一〇月、エルサレムをイスラムの手に奪回した。その後もサラディンと十字軍との戦いは続き、英国の獅子心王リチャード一世の軍とも互角の戦いをした。サラディンは敗れた十字軍のキリスト教徒やユダヤ人をも公平に遇したことでも知られた。

サラディン自身は成人後、一度もクルド地域に足を踏み入れたことはない、とされている。

サラディンはあくまでイスラムの英雄であった。近代的な意味での民族、国家の意識がなかった当時、彼が生涯を通じてクルド人の自覚なしに活動したことは間違いないであろうが、クルド人であったことも間違いない。

スルタンによるゆるやかな支配

西アジアの歴史にクルド人がはっきり登場してくるのは一六世紀である。クルド人居住地域は、オスマン・トルコ帝国（一二九九―一九二二年）とペルシャのサファビー朝（一五〇一―一七三六年）のはざまで戦場になり、一六三九年のエルズルム条約で分割され、西の三分の二がオスマン・トルコ領、東の三分の一がサファビー朝の支配下に入った。

クルド人が長くその支配下にあったオスマン・トルコ帝国では、領土の中に多種多様な言語と民族に属する人々が共存し、互いに入り組んだモザイクのように散らばっていた。まだヨーロッパ起源の国民国家やナショナリズムの概念がなかった時代で、民族や言語による区分けは目立たず、ゆるやかな政治的統合体であった。その広大な支配地を束ねていたのは、イスラム教である。近代的な国民国家の概念から見れば、同帝国はスルタンへの忠誠さえ満たせばその他のことについては、きわめて寛容であった。

中世から広大な地域で共通の言語、文化をもっていたとはいえ、クルド人全体という枠でものを考えたクルド人はそのころはいなかった。その境界線や人口のことをだれも気にかけなかった。多くの王朝がクルド人支配を目論んだし、事実、支配もしたが、それはスルタンやシャーを領主、宗主として認めることを求めたにすぎない。クルド地域の多数の部族支配者も、自分を特にクルド人のリーダーと考えていた節はない。

多くの民族のひとつ

オスマン・トルコ帝国では、クルド人に対して民族上の差別は少なかった。同帝国の中央政府や都市部で活躍したクルド人も少なくない。しかも、その多くは自分がクルド人だというはっきりした自覚をもっていなかったし、その必要もなかった。支配者のトルコ人はむろんのこと、多民族から成る広大な帝国支配下の、今日、イラク、シリア、ヨルダン、レバノン、パレスチナ、エジプト、サウジアラビア、湾岸諸国、さらにはチュニジア、アルジェリアになっている地域がすべてイスラム教圏であった。イスラム教徒でなくても、キリスト教徒のアルメニア人、ギリシャ正教のギリシャ人、ユダヤ教徒のユダヤ人の社会が各地にあり、それぞれのグループは、独自の言語での教育も公然とできるほど広範な多様性が許されていた。クルドの居住地は辺境の山岳地帯ではあったが、帝国の中枢に比較的近く、しかも帝国の本流イスラム教スンニ派であるクルド人社会が差別的に扱われた事実も、またその理由もなかった。異教徒やアラブ人よりもはるかに自然に帝国の一員として溶け込んでいたというべきだろう。オスマン・トルコ帝国では、一九世紀末までクルドとは、〝クルド語をしゃべる部族〟の意でもあった。

少数派ゆえの苦難

しかし、クルドにとって地勢上の不運はあった。オスマン・トルコ帝国は常にペルシャのサファビー朝と領土の奪い合いをしたが、その舞台は両者のはざまにあったクルド地域であり、両者ともにクルド人を戦士の供給源として利用した。その中で、クルド人は双方から移住を強制された。一五一四年に、オスマン・トルコ帝国がチャルディアン（現トルコ東部）でペルシャのサファビー朝を激しい戦闘の末に打ち破った戦いでは、クルド人居住地は極度に荒廃した。

少数派ゆえの悲哀もあった。オスマン・トルコ帝国は、一九世紀末にハマワンド族というクルドの部族を丸ごと、現イラクのクルド地域から、同じ帝国支配下の北アフリカのリビア地方に追放した。「強盗をするし、残酷だ」との理由で追放された人たちは、七年がかりで苦難の旅を続けた末に、やっと故郷にたどりついたという。似たような話は少なくない。だが、それはクルド人であることへの差別というよりは、辺境の地での行儀の悪さに対するこらしめであったと言うほうが正確である。

一九世紀末、オスマン・トルコ帝国末期に政府が、イスラム教徒クルド人とキリスト教徒アルメニア人の人口の比較に関心を払ったことがある。これは帝政ロシアが、オスマン・トルコとの国境付近への領土的野心の道具に、アルメニア人を使おうとしたためであった。

一八九四年にオスマン・トルコ帝国は、国家として独立の気配を見せた帝国内のキリスト教徒アルメニア人を抑圧、虐殺した。このとき帝国は、アルメニア人と居住地の隣接しているクルド人を武装させて使ったのである。

クルドの騎士（19世紀の版画より）

さまざまな改革運動

クルド人の間に、それも都市のごく一部のエリートの間に「クルド人」あるいは「クルド社会」という意識がはっきり芽生えてきたのは、長寿だったオスマン・トルコ帝国の最末期だった。

一八八九年、老大国オスマン・トルコ帝国のスルタン専制政治に対する改革を目指した秘密結社「統一進歩委員会」がイスタンブールで活動を始めた。その中核だった陸軍軍医学校の学生四人は、アルバニア人、チェルケス人各一人、クルド人二人であった。同委員会は「クルド」を特に意識した運動ではなかったが、その後も多数のクルド人が深くかかわった。一八九八年にはカイロで、在住クルド人の手で、トルコ語とクルマンジー語（クルド語の主流の言語）による新聞「クルディスタン」が発行されている。同紙は、クルド人の民族的感情を支援し、その後ジュネーブやロンドンでも発行された。一九〇〇年ごろイスタンブールには、三万人のクルド人子弟のための学校が開かれていた。そこで高等教育を受けたイスタンブールのクルド人エリートの間に、例えば「クルド興隆・進歩協会」が生まれたのは一九〇八年であった。似たようなグループは、帝国内のディヤルバクル、ビトリス（いずれも現トルコ）、モスル、バグダッド（いずれも現イラク）など各地で結成された。最初のクルド新聞（ただしトルコ語）も発行されたし、イスタンブールの新聞にクルド人の自治を望む趣旨の記事を掲載したクルド人もいた。農村部の古い名門部族の長たちの間にも一部、クルド人意識が芽生え始めた。

今日イラクとなっているクルディスタン地域でも中央政府に反抗する動きは出ていた。一九〇八年の青年トルコ党の革命の中から生まれた「自由統一党」の地方分権化の推進には、一定の自治を求めるクルディスタン地域からの支持が集まった。一九一〇年にはイスタンブールの有力クルド人の子弟が、青年トルコ党政権の中央集権政策に脅威を感じて、「クルド希望協会」

を結成した。そのころクルドの有力族長二人が出した請願には、賦役の免除、地方税の地方への還元などと並んで、一定地域でのクルド語の公用語化、クルド語を使える公務員の採用がはっきり要求されていた。一九一四年には、クルドの有力な族長数人が、イスラム教への帰依《きえ》の十分でない不信心な役人の追放とイスラム法シャリアの回復を要求して反乱を起こしたが、派遣されてきた政府の軍隊にすぐ鎮圧された。

こうした動きは、老いた大帝国末期の中央集権的な専制政治への不満、批判であり、トルコ近代化を目指すオスマン・トルコ帝国の枠内での運動であった。が、同時にクルド人の自覚、クルド民族運動を胚胎していた。

ウバイダラーの蜂起

今日のイランの地域では、サファビー朝、カジャール朝（一七九六―一九二五年）ともに、オスマン・トルコとの国境にあるクルド人地域を防波堤として重視しつつも、クルド人が連合して強力になることを妨げてきた。

カジャール朝の下で一八八〇年から八一年にかけて、オスマン・トルコ帝国との境近く、クルド人の宗教指導者で族長のウバイダラーが、「クルド民族国家」建設の目的で蜂起した。これにはオスマン・トルコ帝国のクルド人の一部も加わっていた。カジャール朝とオスマン・トルコ政府の関係が緊張したが、カジャール朝は一万二〇〇〇の軍隊を投入し、帝国スルタン、アブダル・ハミッドも鎮圧に乗り出し、抑えた。ウバイダラーは、当時この地域にいた米国人のキリスト教伝道の医師コクランにあてた手紙に「われわれは、自分たちのことを自分たちの手にしたい。そうすればわれわれは、自分たちの中のルール違反者を罰するのに十分に強力でありうるし、他の国家と同じような特権を持てる」と書いていた。(7) ウバイダラーにどの程度の民族運動の自覚があったかは疑問だが、部族連合を結成して、民族国家の建設を目的とした最初のクルド人であることは、間違いない。反乱鎮圧後、彼はイスラム教の聖地、現サウジアラビアのメッカに追放された。

シムコの乱

二〇世紀初頭、イランのクルド部族の中で、最も中央政府に手を焼かせたのが、イラン北西部のウルミエ湖付近のシカク族であった。政府の出先機関は一九〇五年、頑強に抵抗するシカク族の族長ジャファル・アガを、和解をえさに誘い出し殺害した。このため彼の弟、通称シムコが兄を継いで、北西部イランのクルド人の中で指導的立場になった。一九〇六年には、この地域の一部はオスマン・トルコ軍が占領したが、五年後にロシア軍がトルコを駆逐した。

第一次大戦が始まると、オスマン・トルコからキリスト教ネストリウス派の人々が、この地のネストリウス派を頼って逃げてきて、ロシア軍の保護を受けた。一七年ロシア革命で、ロシア軍がイランから撤退すると、ネストリウス派の宗教・政治上の指導者マー・シムンは、反トルコ、反イランでシムコと立場が同じため、協力関係をつくろうとした。ところがシムコは逆に彼を待ち伏せして殺害した。

第一次大戦が終わったとき、イランは無政府状態で、実質的に英ソ両軍の支配下にあったが、クルド地域では相変わらず部族同士が反目しあい、それぞれ英国、ソ連、トルコの支援を求めながら対立していた。その混乱の中から一九一九年、再び前述のシムコがソ連軍の助けを得て戦闘員三〇〇〇人で蜂起した。一時期はクルドの他の部族も糾合して戦闘員八〇〇〇人を数え、二一年半ばの最盛期にはウルミエ湖西部、南部に大きく支配地域を広げていた。（シムコのその後は、第七章を参照）

第六章　第一次大戦が終わって

オスマン・トルコ帝国の崩壊

第一次大戦（一九一四―一八年）で、オスマン・トルコ帝国は英、仏、伊、露などの連合国と戦って敗れ、ついに六〇〇年を超える歴史を終えた。大戦中のクルド人は、帝国に忠実に、陸軍の兵士として戦い、イスラム教オスマン・トルコ帝国政府による、キリスト教徒アルメニア人大虐殺（一〇〇万とも一五〇万人ともいわれる。一九一五年）にも率先して加担した。ロシアとの国境の東部戦線には、地元ともいうべきクルド人兵士が多数投入された。一般クルド人七〇万人がロシア軍に追い立てられ、約半数が命を失い、トルコ国内だけで戦闘員、非戦闘員あわせて四〇万人のクルド人が死んだ、とクルド民族主義者は言う。

一九一八年一〇月三〇日、第一次大戦の休戦協定が結ばれた。クルド人の民族的自覚は、イスタンブールなど都会地の知識人に限られてはいたが、帝国の敗戦で高揚した。クルド人は戦勝国である連合軍の代表格英国と接触するとともに、もはや崩壊間際のオスマン・トルコ政府とも交渉した。すでに戦中の一七年にクルドの有力者がスレイマニヤ（現イラク）に集まり、臨時のクルド政府樹立を提案していたが、一九年には、エジプトのカイロでクルド有力者の率いる「クルド独立委員会」が、クルド人国家樹立の訴えを英国当局に提出する。バグダッドでも「統一クルド地域」設立の提案が英当局に出されていた。

一方で、敗戦のオスマン・トルコ帝国内で実質上の内戦が勃発した。トルコ陸軍の若い俊才、青年トルコ党の将軍ムスタファ・ケマル（後年の新生トルコ共和国の初代大統領ケマル・アタチュルク）が大戦の余燼《よじん》のくすぶる一九一九年、国内東部に派遣されたのを機に、「国民軍」を率いて、帝国改革ののろしをあげた。トルコ中部の現首都アンカラを拠点に旗揚げした将軍ムスタファ・ケマルは、クルド人口の稠密《ちゆうみつ》な東部諸州を頼りにした。ケマルは政府軍を力で屈服させるとともに、占領軍である英、仏、ギリシャ軍に対しても巧みに駆け引きをした。実質約半年の内戦を経て、一九二〇年の前半には、トルコ国内でのケマル将軍の優位が確定しつつあった。

マフムードの蜂起

現イラクのスレイマニヤでは、第一次大戦が終わった直後の一九一九年五月、有力なクルド部族長シャイフ・マフムードが、部族間の主導権争いと英国との接触、駆け引きの中で、三〇〇人の兵を挙げ、付近の英軍兵士を捕虜にした。そのうえで一円から集まった支持者に対して自分は「全クルドの王」であると宣言した。むろんすぐに、英軍が派遣した部隊に捕まったが、処刑を免れ、インドに追放された。イラクのクルド地域では部族対立、対英国、対トルコのさまざまな勢力が入り乱れて、中小の反乱が続いていた。二一年にはムスタファ・ケマル軍が、トルコのクルド部隊とともにスレイマニヤ北方へ侵入してきた。二二年、英軍は増大するトルコの脅威に対してクルド人を楯とするために、マフムードを呼び戻し、スレイマニヤ地方の知事に任命した。マフムードは、再び「クルドの王」を自称し、イラク国王ファイサルと同等だと主張した。

二二年一二月になると、英軍の現地政治将校は、クルド人にクルド政府樹立を許す公式声明を出した。一方、部族長マフムードは、油田地帯キルクーク占領についてトルコ側と話し合っていた。マフムードは英国側からの誘いを拒絶したため、英空軍がスレイマニヤを爆撃、マフムードは逃亡した。英国とバグダッド当局は、反マフムードの部族を結集して自治区域を設定しようとしたが、彼らは「英軍保護下の方がよい」との態度だった。

マフムードの拠点は、一九二三年と二四年にも英空軍に爆撃されたが、族長マフムードはその後も、山岳地帯からのゲリラ活動で政府施設を襲撃したり、山岳部族からの政府への税金を中間で押収するなどバグダッドの英国当局に抵抗した。マフムードは二七年までイラクで頑張り、次いでイランに逃げ、三一年にはまた舞い戻った。今度は政府軍に捕まり、その後四半世紀、首都バグダッドでイラク政府の監視下に晩年を送った。マフムードの行動は民族意識を帯びていたことは明らかだったが、他の部族、あるいはイラク地域のクルド族全体を引っ張って行くだけの力量がなかった。あるいは他の部族の協力が十分でなかったために、民族的な運動を持続していくことができなかったといえる。

セーブル条約の調印

トルコ国内は混乱状態のまま、第一次大戦の講和手続きが進んだ。米国大統領ウッドロー・ウィルソンが戦後打ち出した平和一四原則の中で、「民族自決」がうたわれ、大戦を締めくくるパリ講和会議がこれを認める方針をとった。この機をとらえてクルド側は、帝国末期に同帝国駐スウェーデン大使をつとめたクルドの知識人シャリーフ・パシャを代表とする代表団を同講和会議に送った。

一九二〇年八月一〇日、戦勝連合国と敗戦のオスマン・トルコ帝国の間に、パリ西郊セーブルで第一次大戦の講和が結ばれた。このセーブル条約にはクルド国家の樹立が明示された。勝者の英、仏は、欧州にとって手ごわかった老大国トルコの弱体化、壊滅を狙い、その支配下で暮らしてきたクルド人に好意的であった。後日トルコ共和国となった地域の東部に地方自治を約束したのである。

「クルド」が国際的に認知されたのは史上初めてのことだった。

一方、このセーブル条約は、敗戦国オスマン・トルコにとっては苛酷であった。広大だった帝国領土は大幅に縮小されるだけでなく、当時の首都イスタンブールとボスポラス海峡を連合軍が占領、駐留し、外国軍艦が自由に通過できることになっていた。それだけではなく、西部アナトリアのイズミールなどのギリシャへの一時的割譲、加えてアルメニアの独立、クルドの独立あるいは自治、シリアとメソポタミアの独立を決めていた。当時すでに国内では将軍ケマルの優勢は明らかだったが、調印に出席したオスマン・トルコ政府代表にとっても、出席しなかったケマル将軍にとっても、同条約は屈辱的な内容であった。しかし、クルド人にはわが目を疑いたくなるような成果であった。

同条約のクルドに関する条項は大筋次のようになっている。

第六二条　コンスタンティノープル（イスタンブール）に在り、英、仏、伊それぞれの政府に任命される三人のメンバーから成る委員会は、ユーフラテス川の東、今後決定されるアルメニアとの南側境界線の南、及びシリア、メソポタミアのトルコとの境界の北に位置する、クルド人が優勢な地域のための地方自治の計画を起草する。この計画は、これら地域内のカルデア人その他の人種的、宗教的少数派保護について完全な保証を含むものとし、この目的のために英、仏、伊、ペルシャ、クルドの代表からなる委員会が、現場に赴き、トルコの境界線に施すべき修正を検討し、決定する。

第六三条　トルコ政府はここに、第六二条に言う委員会の決定を受諾し、実施することに同意する。

第六四条　本条約の発効から一年以内に、第六二条に定義された地域内のクルド人民が、これら地域住民の大多数がトルコからの独立を望むことを、国際連盟理事会に表明すれば、かつ同理事会がこれら人民にこのような独立が可能だと判断し、独立が与えられるべきだと勧告すれば、トルコはここに、そうした勧告を実施し、これら地域へのあらゆる権利と資格を放棄することに同意する。こうした放棄が実行された場合には、従来モスル県に含まれていたクルド人居住地域のクルド人が独立クルド国家に自発的に帰属することに、連合国は異議を唱えない。

西欧列強、ことに英国がこのころまがりなりにもクルド国家建設を構想した最大の理由は、アナトリア（現トルコ共和国東部）のトルコ人と中央アジアのコーカサス、アゼルバイジャンに住むトルコ語人口の間に楔《くさび》を打ち込んでおくことにあった。そうでないと、イスタンブールから中央アジアのキルギスタンまで、長大なイスラム教スンニ派の統一帯ができてしまう。

そのためには、新生トルコ共和国とソ連のアゼルバイジャン自治共和国の間にも緩衝地帯を作っておきたかった。さらには、イランのアゼルバイジャン地方とトルコ共和国との間にも緩衝地帯が望ましかった。つまり、第一次大戦の結果生まれようとしているトルコ、イラク、イランの潜在力を殺《そ》ぐとともに、トルコからシリア、イラク、イラン、コーカサスへの通路を遮断するのにクルド人居住地域を利用しようとしたのである。

セーブル条約破棄、そしてローザンヌ条約

ムスタファ・ケマル将軍は、卓越した政治力と国民軍の軍事的実力をもって一九二二年一一月、オスマン・トルコ帝国のスルタン制を廃止し、国王を追放した。一方で、占領連合軍といっしょにトルコに侵入してきたギリシャ軍をも同年に完全に撃退、ついに一九二三年七月セーブル条約の破棄にこぎつけた。一九二三年七月二四日、新たに連合国と将軍ムスタファ・ケマルの新生トルコ共和国政府との間に結ばれたのが、ローザンヌ条約である。同条約は大幅なトルコの領土確保（二一世紀初頭現在とほぼ同じ）を認め、イスタンブールと付近海峡の占領条件も緩和された。他方でセーブル条約にははっきり言及されていたクルド問題は反故《ほご》にされ、クル

ド地域の過半が新生トルコに組み込まれた。クルド人口はトルコ、イラク、イラン、シリアに分散した。

第一次大戦で、オスマン・トルコ帝国と戦った英、仏、伊、露、ギリシャなどの連合軍の中で、大戦終了時に最も力のあったのは英国であった。英軍は現シリア、レバノン、イスラエル、パレスチナ、ヨルダン、イラクを占領していた。国際連盟はこのうち前二国をフランスの、残る四国を英国の委任統治領とした。英国は長年支配してきたインドにおけるパシュトゥン族（現在パキスタンとアフガニスタンにまたがって住む）やバルチ族（現在パキスタンとイランにまたがって住む）についての経験からも、クルド問題の複雑さと重要さを熟知していたが、目前のこの地域全体の中での権益分割から見れば、英国にとってクルドは、しょせん二義的な関心事であった。かくしてセーブル条約に明記されたクルド自治の夢は、わずか三年で西欧列強による旧オスマン・トルコ帝国領土分割の中に跡形もなく消え去ったのである。

その後、クルド問題が再び国際的に注目を浴びるのは、約七〇年後の一九九一年の湾岸戦争後のことである。

英国の裏切り

第一次大戦中に、現イラクのメソポタミアでオスマン・トルコ軍を破ったのは英軍である。

すでにそれ以前、この地域の帝国主義的領土分割は、西欧列強の間でサイクス・ピコ協定により秘密裏に決まっていた。オスマン・トルコ帝国がいずれ手放さなければならない英軍の支配地域の中には、メソポタミアの北や北東のクルド地域（現イラク。トルコやイランを含めたクルド地域全体の中では南部）が含まれていた。クルド人の間には、トルコの支配が復活するよりは、英国の保護の方がましという雰囲気が強かった。英国側には、イラク地域でもアラブ人のメソポタミアとトルコとの間に緩衝地帯として半自治のクルド国をつくる案があったが、実現しなかった。

新任の英植民相ウィンストン・チャーチル（後年の首相）は、一九二一年三月カイロで開いた会議で、南部クルド地域にクルド人の分離国家をつくることを断念し、これをイラク領に組みこむことを決めた。三年後にクルド人に再考の機会を与えるなどと、まだあいまいな含みを残してはいたが……。

さらに英国は二一年八月、預言者ムハンマドの末裔《まつえい》ともされるアラビア半島メッカの名門ハーシム家のファイサルをシリアから連れてきて、イラク国王に就任させた。ファイサルは第一次大戦中英軍に協力してシリアに侵攻し、シリア王国樹立を宣言していたが、英国はシリアをフランスに譲り渡すことをすでに決めていた。ほぼ同時に英国がトランスヨルダン国王にすえたのがファイサルの兄アブダラで、その孫が一九九九年に死去した前ヨルダン国王フセインである。つまり英国は、ハーシム家の兄弟二人をイラク、ヨルダンの国王に据え、アラブの中枢を支配しようとした。ファイサルの国王就任は、形だけは選挙の形をとったが、英国の差配であることはだれの目にも明らかであった。英国はそれから一九三二年のイラク独立まで、国際連盟からの委任統治領としてイラクを支配した。

石油権益をめぐって

旧オスマン・トルコ帝国領土の中で、その帰属が最ももめたのは、ローザンヌ条約でも棚上げされた現イラクのモスル県であった。同県はクルド人地域であったが、何よりも中東有数の油田キルクークが存在したからである。英国はすでに、一九二一年にモスル県を自国の支配するイラクに編入する方針を固めていた。石油の価値がようやく重く認識され始め、すでに第一次大戦中から戦後にかけて、英、仏、ドイツ、米国、オランダ、トルコがこの油田の権益を争っていた。一九一九年、英仏がアラブ領土の分割支配を決めたとき、フランスは敗戦国ドイツの権益を受け取るのと引き換えに英国のモスル県支配を認めた。二一年にトルコのムスタファ・ケマル軍が、トルコのクルド人を率いて同地の北方を占領したことがあったが、モスル県を手放す気のない英国は同軍を追い払った。セーブル条約当時、クルド国家構想をもっていた英国がその後それを推進しなかった大きな理由は、このキルクーク油田の存在であった。そして二一世紀初頭の現在もなお、キルクーク油田はイラク中央政府とクルド人との間で激しい争奪の目玉となっている。

その他に、英国がクルド国家構想を捨てた理由に、

①イラク国内多数派のアラブ人の筆頭に外来のファイサル国王をすえたので、クルドをその配下にしておくほうが都合がよい

②国内多数派のイスラム教シーア派と同スンニ派（ファイサル国王やクルド人）のバランスが必要だった（二一世紀初頭現在、イラクの少数派スンニのサダム・フセイン政権が、国内多数派シーアとの関係に苦労していることが想起される）

③そのファイサル国王を盛り立てることが、イラク支配だけでなく、人脈上も地勢上も英国の全アラブ支配にとって重要であった

ことなどがあげられる。

一九二二年の英国側の文書はいう。「クルド側が自身たちの間でなんらかの合意に達するか、あるいは明確な提案をするか、という試みにさえ完全に失敗したことにより、国王陛下の政府（英国）とイラク政府は、クルド政府樹立を許可する義務から完全に解放された(6)」

第七章　新生トルコとパーレビ王朝

トルコ建国の父ケマル・アタチュルク

新生トルコ共和国を生んだ将軍ムスタファ・ケマル率いるトルコ国民軍の戦いで、クルド人は同将軍に協力した。将軍の拠って立ったアンカラ（後の首都）は、クルド人の多い地域に近かった。また、この戦いには、イスラム教徒であるトルコ人、クルド人が結束してキリスト教徒アルメニア人、ギリシャ人と戦う意味もあった。一九一九年にケマル将軍の次のような発言が記録されている。「名誉と尊厳のあるすばらしい人民の存在する限り、トルコ人とクルド人は兄弟としてともに生き続けるであろう、国内外の敵に対して揺るぎない鉄の塔を打ち建てるであろう(6)」。

しかし、将軍ムスタファ・ケマルは一九二三年一〇月二九日、トルコ共和国を宣言、新生トルコの初代大統領に就任するや、トルコ国家はトルコ人、トルコ文化だけで構成されるとの理念を打ち立てた。翌二四年三月に同大統領は、法廷での使用言語はトルコ語のみ、学校教育を含む公の場でのクルド語の禁止を打ち出した。これより先、同月、カリフ制度を廃止して、政治とイスラム教とを完全に切り離し、違反は「反逆法」で処罰されることになった。宗教学校が閉鎖され、イスラム教への帰依《きえ》の深いクルド人一般にとっては、教育をうける機会が失われた。戦中、戦後の苦難の時期に、同将軍の国民政府や国民軍を支えた勢力の一つであったクルド人は、新生トルコ共和国では、抑圧の対象に追いやられた。

イスタンブールを拠点としたクルド人の少数の民族主義者は、欧州などへ去るか、新しいトルコ社会に吸収された。あるものは、フランス支配下のシリアに逃れ、二七年に亡命組織「クルド連盟」を結成した。

以来七〇年余り、小さな凹凸はあったが、二一世紀初頭の現在に至るまで基本的にはトルコにおけるクルド人の位置づけは変わっていない。ケマル大統領がなぜ変心したのか。『クルド近代史』[6]によると、一つにはトルコをヨーロッパ流の近代国家にするためには、クルド人の社会的、政治的伝統が障害となった。またこれ以前も以後も、クルド人の抜き難い特色である部族間の対立、反目が気になった。さらにはローザンヌ条約の交渉で、英国がイラクのクルド地域に自治を認める気配を示していたため、それが隣接するトルコのクルド地域に、分離を求める動きとなって波及することを恐れたからである。

「ケマル主義」が目指すもの

トルコにおけるクルド問題の最大の要因は、建国の父ケマル・アタチュルクの掲げた「ケマル主義」である。これに基づいて、オスマン・トルコ帝国崩壊後の新生トルコ共和国では、民族、文化、言語、宗教の違いを一切考慮しないことになった。トルコを人種や宗教で細かく分けると、実際には四七の人口グループに区分される。少数派の中で最大のグループがクルドである。だが、ケマル主義は民族的、文化的に均質な統一国家を目指す。文化的な相違を明確にすることは、「トルコ統一国家」の脅威として厳しく禁じた。

トルコ国家の構成員としてクルド人もすべての面で同等の権利をもつ。しかし、独自の人種、文化、言語の区別を主張する権利はこの中に含まれない。この同化と統合の政策が現実とはかけ離れていたために、クルド人の抵抗、特に八〇年代から九〇年代末にかけてのＰＫＫの公然たる武力行使を招いた。

ケマル主義では、「国民と国家と領土の不可分の統一」と「民族文化」が一体のものである。共和国発足後、何回かに及ぶ憲法改定でもこの点は不変である。国民と領土の不可分の統一に反する宣伝は「反テロ法」で罰せられる。暴力行使どころか、会合、デモはもちろん書面や口頭の宣伝さえ、国と領土の統一を破壊するものとされる。政府がこの原則を堅持すると、基本的な市民権はむろん侵害されることになる。

一九二三年のローザンヌ条約は、トルコのギリシャ人、アルメニア人、ユダヤ人など非イスラム少数派には言及したが、イスラム教主流のスンニ派に属するクルド人には触れなかった。トルコの法におけるクルド人の扱いは、その後もこれに基づく枠組みの中にある。人権の観点からの欧州の批判により、一九九五年に「反テロ法」は緩和されたが、五年の刑が三年に、禁固刑が罰金刑に軽減されたにすぎない。政党法は依然としてクルド政党の結成を禁じている。

一九九〇年代は、二〇世紀においてトルコのクルド民族解放運動が最高潮に達した時期である。特に湾岸戦争とその結果生まれたイラクの「クルド地域政府」の成立や、パレスチナ解放闘争の成果は刺激となった。解放運動はＰＫＫによる先鋭な武装闘争の形をとった。一九二五年のサイードの蜂起以来の噴火であった。ただし、四分の三世紀前に比べて違うのは、ＰＫＫの主導により、クルド人がトルコ国家の構造、建国以来の国是そのものに挑んだことである。

サイードの蜂起と処刑

新生トルコ共和国で、ケマル政府の方針に対して起きたクルド人の抵抗のなかで、最も大きかったのが一九二五年二月から三月にかけてのシャイフ・サイードの蜂起であった。クルド民族主義を打ち出した初めての運動であり、トルコ政府は初めてその強烈さを認識させられた。

そもそもは、クルドの族長サイードのところへ保護を求めてきた無法者と武装警察官の間に起きたささいな諍《いさか》いがきっかけであったが、後年非公式のクルドの首都とも呼ばれるようになったディヤルバクル付近で族長サイードの下に数千人が立ち上がり、周囲に広がった。サイードは、イスラム教団の指導者であったから、政教分離の共和制に我慢がならなかった。クルド政府樹立とイスラム教のカリフ制度の復活を声明し、前スルタンの子息を「クルド王」に就任させる宣言まで出した。同地域の政府軍守備隊には、クルド人兵士も多く、あるいはムスタファ・ケマルの政敵が指揮官だったりで、あてにならないため、政府は新たに動員令で集めた五万人(当時の平時トルコ軍の約半分)を超える軍隊を投入して鎮圧した。

政府側の報復はすさまじかった。サイードら責任者四七人がディヤルバクルで絞首刑、ほかに処刑者六六〇人に達した。直接には関係しなかったクルド人領主たちとその家族が故郷を追われ、西部アナトリアに追放された。村落が焼き払われ、多くの罪のない老若男女が虐殺された。さらにクルド人部族の糧道を断つために数万頭の羊が没収された。同じ理由でクルド寄りの政党の本部が警察の夜襲を受け、報道機関も記者も沈黙に追い込まれた。

サイードの蜂起のあとに、トルコ政府側の次のような声明が残っている。「なんとしてでもわが国土の住民をトルコ化しなければならぬ、トルコ人に反対する者は絶滅させる。宗教を道具に使ってわれわれの前に立ち上がる者すべてを粉砕する」[10]（一九二五年、イスメット・イノニュ首相）。少数派と宗教勢力を許さないトルコ共和国の強い決意表明である。大統領ムスタファ・ケマルは、三三年にトルコ共和国建国一〇周年の演説の結びで「自分をトルコ人と呼ぶ人間は幸せだ」と叫んだ。「トルコ人」以外は認めない方針の確認であり、この言葉はその後長く繰り返された。

同化政策

サイードの蜂起がおさまっても、不穏な情勢は続いた。蜂起地域以外でも、政府軍から受けた仕打ちに怒って武器をとる部族が少なくなかった。軍を待ち伏せ攻撃したうえで、イラク、シリアへ亡命する有力者や、英国による統治をわざわざ国際連盟に頼み込むものもあった。サイードの子息アリ・リザは、イランのタブリーズで、クルド国家独立への支持を求めるため、英国領事に渡英の許可を要請していた。アゼルバイジャンそのほかで、一万人のクルド人が英国統治下のイラクなどへ亡命した。

一九二六年から二七年にかけても、デルシム（現テュンジェリ）、ビトリスなど各地で騒乱が起きた。トルコ軍によるクルド人虐殺の噂がしばしば流れ、また一方でクルド人はトルコ軍兵営を襲撃し、兵士を殺害した。有力な一五〇家族、五〇〇〇―六〇〇〇人が西部アナトリアへ追放され、多くがその途上で命を失った。クルド民族主義者側の多分に誇張した数字ともいわれるが、一九二五年から二八年までに、破壊された戸数一万、虐殺された者一万五〇〇〇人、他に五〇万人が追放され、うち二〇万人が行方不明となった。

政府はクルド地域での道路建設、トルコ語による教育の充実など、クルド地域とクルド人の「トルコ化」政策を始めたが、宗教感情の強いクルド人地域では、政府軍が強力な監視態勢を布いた。一方でトルコ軍に徴兵されたクルド人は、必ずクルド地域から遠い西部アナトリアに配属された。

アララト山争奪戦

一九二八年から三〇年にかけては、アルメニア国境のアララト山からイラン国境に近いバン湖にかけての広大な山野で、支配地域の争奪戦が行われた。クルド側はイランのクルド人の援助を受け、国境のイラン側を利用し、トルコ政府軍の方はソ連の有形無形の協力を得て戦った。

三〇年六月には、トルコ軍は兵員一万五〇〇〇人と大砲、空軍機を投入、双方に多数の犠牲者がでた。なおこの時、トルコ空軍はすでに三〇〇機を擁していたが、同空軍はその後数十年、もっぱら対クルド戦のために戦力を使った。

騒乱の最中に、マームド・エサド・ボツクルト内相は「トルコ人はこの国の唯一の所有者、唯一の有力者である。出自がトルコ人でない者はただ一つの権利をもつ。奉仕し、隷属する権利を」と声明[10]、トルコ政府のクルド人に対する姿勢を鮮明にした。

一九二七年制定の「再定住法」は、クルド人をトルコ文化の強い地域に移住させることを決めた。一九三〇年の法律二五一〇号は、全国を三つに区分した。トルコ文化をもつ人の居住地域、非トルコ文化の人口をトルコ語とトルコ文化に同化させる地域、完全に人口を退去させる地域とに。これに基づいてクルド人を強制移住させ、部族の分解、財産没収、クルド人意識の強制的喪失を狙ったのである。非トルコ語を母語とするすべての村落、町は解散させられ、その住民はトルコ語が支配的な地域に分散させられた。非トルコ語が過半数を占める一切の集会結社は禁止された。

デルシムの虐殺

一九三六年、かねてからクルド人意識が強く、反政府的だった山岳地帯のデルシムに包囲宣言が出された。この地域はイスラム教アレビ派が多く、部族同士も細かく分かれて対立していた。三七年春には二万五〇〇〇人のトルコ軍が集結した。デルシムのクルド人有力者が、トルコ軍司令官にあてて「自治を認めてほしい」と派遣した使者は処刑された。クルド側は軍の将校一〇人、兵五〇人を待ち伏せて殺害した。指導者の聖職者サイード・アリ・リザは、クルド人の窮状を訴える書状を時の英国外相イーデンにあてて出したがムダだった。厳冬になって、デルシム側は耐え切れず降伏、アリ・リザら七人の指導者が処刑された。クルド人の死者は数千人と推定された。研究者は後年この事件を、民族虐殺あるいは抹殺と呼んだ。この事件でも多くのクルド人が追われて、クルド地域から都会地へ移住した。

デルシムの虐殺は、クルド反乱の区切りとなり、その後のクルド民族解放運動は、わずかに亡命者によるシリアを拠点とした活動に限られた。しかし、シリアを実質上支配していたフランス当局はトルコとの良好な関係を維持するために、クルド人の活動を押さえようとした。以降、トルコにおけるクルド民族運動の台頭は、一九八〇年代のＰＫＫまで待たねばならない。

「山地のトルコ人」

デルシムの反乱が鎮圧されてからは、トルコのクルド問題は解決したかにみえた。一般クルド人はトルコ語をしゃべり、あるいはクルド人であることを隠し、あるいは「クルド人はもともとトルコ人である」という政府の公式見解を鵜呑《うの》みにした。

一九三八年にトルコ政府は、クルド同化政策としてクルドという呼び名までをも禁止、「山地のトルコ人」と呼ぶことにした。

一九四五年春、ディヤルバクルなどで開かれたクルド人の会合を軍が取り締まり、一二〇人の部族長が絞首刑に処せられたとされる。長年続いたクルド地域に対する特別緊急態勢が解かれたのは一九四六年になってからであった。この年、ある新聞は「トルコにクルド人という少数派は、遊牧民であろうと定着民であろうとかつて存在したことはない」と書いていた。四〇年代から六〇年代によく売れた本には「クルド人は実はもともとトルコ人であり、クルド人の国など存在しない」とあり、この本の序文を大統領が書いていた。しかも著者はクルド人であった。

レザ・ハーン

イランでは、カジャール朝末期一九二一年二月、コサック騎兵レザ・ハーンがクーデターで首都テヘランを握っていた。第五章でふれた反乱者シムコは、急造のレザ・ハーンのイラン政府軍を撃退して支配地域を拡大したが、二二年八月に敗れ、同志とともにイラクに逃げた。レザ・ハーンは、シムコを国境の向こうよりも国内に置く方がよいと考え、二四年彼を許した。しかし、シムコは帰国後の二六年、再び反乱を起こして敗れ、またイラクに逃れた。レザ・ハーンのイラン政府は、三〇年、シムコを「知事にする」とおびき寄せ、待ち伏せして殺害した。レザ・ハーンは、英国の肝煎りで一九二五年パーレビ王朝を創建、初代国王に就任していた。

国王レザ・ハーンはクルドの蜂起を厳しく弾圧した。

ウバイダラー、シムコの両蜂起がクルド民族主義の自覚に基づいたものかどうかについては、さまざまな指摘がある。シムコの蜂起はクルド部族間の単なる主導権争い、仲間割れの色合いも濃かった。いったん敗れると、軍団は跡形もなく消えてしまったことがそれを示していたが、レザ・ハーンはシムコの蜂起をイラン国家を脅かすものと受け取った。彼は、トルコの初代大統領ムスタファ・ケマル・アタチュルクがクルドの存在を否定したのと同じように、イランをペルシャ語だけの単一社会に染め上げようとした。一九二七年から三四年にかけて、政府とクルドとの間には無数の小規模な衝突があった。反政府のクルド部族有力者の怪死、獄死が相次いだ。一九三四年に国王は、まず学校で、次いで公の掲示にクルド語を使うことを禁止した。強制移住や財産没収など、そのやり方はトルコのケマル・アタチュルクのやり方に酷似している。

トルコでの政府軍とクルドのアララト山での戦い（一九三〇年）の際に、トルコ側は「イランがトルコのクルド人を支援している」と考え、国境のそばにイラン爆撃用の滑走路を作ったりした。イラン側は、アララト山で敗れたトルコのクルド人がイラン領に逃げ込むのを許した。自国のクルド人を抑圧しながら、相手国のクルド人を陰に陽に支援するのは、トルコ、イラク、イラン、シリアのいずれの国でも、二〇世紀末までごく一般的な形として続いた。しかし、一方で、トルコ、イラク、イラン、アフガニスタンが、一九三七年にレザ・ハーンの宮殿で結んだサダーバード条約は、反ソ連戦線の色合いをもった相互不可侵条約だが、それぞれの国内のクルドが他国のクルドと協力することを妨げるものでもあった。

第八章　バルザニ兄弟の抵抗――イラク

イラク独立

一九二三年のローザンヌ条約で、イラクは国際連盟から英国への委任統治が決まり、もはやクルド自治の問題は姿を消した。英国は、イラクとアラブ全体についての自国の利害をもっぱら優先させて、クルド人を裏切った。クルド人は部族ごとにばらばらの、あいまいな抵抗を続けたが、意思統一のための組織も指導者も現れず、戦略、戦術の拙劣さもあいまって、支離滅裂のうちに見捨てられ、好機を逸してしまった。もしもローザンヌ条約までに、クルド側が有効な政治的統一戦線を組めていたら、独立国は無理でも、クルド自治区は実現していたのではないか、と後年の歴史家は分析している。

一九二五年に国際連盟は、クルド人によるクルド地域の行政、裁判、教育、クルド語の公用語化をイラク政府に勧告していた。イラクの独立、連盟加盟の際に、連盟理事会はこの勧告の承認を宣言するようイラク政府に要求したが、イラク政府はこれを受け入れずクルド人を失望させた。

英国が据えた国王ファイサル治下の議員選挙で、クルド地域からも議員が選出され、クルド地域は中央政府に組み込まれた。南部クルド地域のモスル県だけは、ローザンヌ条約で帰属が決まらず、トルコが領有に執着し、クルド民族主義者が自治を熱望したにもかかわらず、国際連盟に決定権が預けられていた。が、これも一九二六年の英国とイラクの条約でイラクへの帰属が決まった。

イラクが国際連盟に加盟（英国の委任統治終了、独立）する時期が近づくと、「英国治下のクルド自治あるいは独立」を望む陳情書が、クルドの部族長や都市部の知識階級から、ジュネーブの連盟本部やバグダッドの英高等弁務官に殺到した。しかし、事態は変わらず、主流のアラブ人の支配下にクルド人が置かれる形で、独立国イラクが一九三二年に誕生した。

イラク王室と政府は、同国では少数派のイスラム教スンニ派のアラブ人であった。北部はクルド人、南部はイスラム教シーア派のアラブ人が住んでいる。人口の半分以上を占めるイスラム教シーア派は大半がアラブ人だが、シーア派クルド人もいるし（クルド人の多数はスンニ派だが）、シーア派トルコマン人もいる。首都バグダッドにはバビロニア時代にさかのぼる大きなユダヤ人社会もあり、クルド地域にさえ小さなユダヤ人社会が散在する。政府はこれらのバランスをとりながら支配しなければならなかった。

バルザニ立つ

イラク独立に先だつ一九二七年、クルドのバルザニ族の族長アーマド・バルザニは、部族の管理運営に中央政府が介入してくるのに抵抗した。まず、他の同じような部族とかたらって、自分の領内の徴税権を政府から取り戻そうとした。クルド反乱の再燃を恐れた英占領軍当局は妥協した。そのうちに、バルザニを「神」とあがめる部族が一部に出てきた。このため、彼に反感をもつ別の部族と武器をとっての衝突になり、相手はイランに逃げた。バルザニの行動を挑発ととったか、イラク政府・英軍は三一年から三二年にかけて、バルザニの領地を攻撃する。英空軍の爆撃は七九の村落で一三〇〇戸余りを破壊し、時限爆弾で死傷者を出した。バルザニは山岳地帯に逃げ込み、トルコ国境でトルコ軍に捕まり、配下多数が絞首刑に処せられた。イラクでは彼の二人の弟ムハマッド・サディクとムラー・ムスタファが抵抗を続けた。バルザニはイラクに戻り、国王に恩赦を乞い、三人は領内から追放され、スレイマニヤに拘禁された。バルザニの乱は、まだ弱体のイラク中央政府の威信を傷つけ、三六年にも抵抗する部族がでてきた。しかし、都市部の知識人のクルド民族主義者は、こうした部族の動きを封建的な部族間の争いとみて、冷淡な態度に終始した。

ムラー・ムスタファ前面に

一九三五年、四〇人ほどのクルドの族長が会合し、クルド語の公式使用、クルド地域からの純クルド人の国会議員選出、国家収入の中からの正当な割合によるクルド地域への支出などを要求した。バグダッドの中央政府はむろん応じなかった。

アーマド・バルザニの弟ムラー・ムスタファはふたたび領地に戻り、四三年、兄弟の帰還を中央政府に請願したが、無視されたため、彼の部族が警察と衝突した。これがきっかけで、ムラー・ムスタファは再度政府軍と渡り合うようになった。しかし、また英軍の介入により、バルザニ兄弟は敗退せざるを得なくなる。そのころまでイラク政府は、つとめて政府部内にクルド人を登用し、政府軍の将校にも多数のクルド人がいたが、こうした事件をきっかけに段々にクルド人を登用することを控え、バグダッドの陸軍大学はクルド人の入学を歓迎しなくなった。

一九四〇年代半ばまで、都市部のクルド知識人の間に、保守的、親英国的、マルクス主義的などさまざまなクルド民族主義の小規模グループが結成されたが、ムラー・ムスタファの動きほどには目立たなかった。彼は、クルド人政治犯の釈放、政府の指令に拒否権をもつクルド人弁務官のバグダッド駐在、彼個人の裁量で使える巨額の農業用ローンなどを政府に要求した。むろん政府は応じない。イラク国内に混乱を起こしたくなかった英国側に言わせると、ムラー・ムスタファも無茶だが、中央政府も腐敗し、当てにならなかった。

一九四五年、政府軍は、反ムラー・ムスタファのクルド部族の協力を得て、攻撃に出た。一〇月、守勢に追い込まれた彼は軍団を率いて、国境の向う側イランのマハーバードに逃げ込み、次章で述べるようにマハーバード共和国の樹立に尽力した。ムラー・ムスタファは、同じクルド人でありながら彼に敵対したクルド部族に対して激しい憎悪を抱いていた。彼が真の民族主義者だったのか、それとも部族意識の強い封建的部族長だったのかは評価がわかれるところである。

そのころ、イラク共産党のクルド人グループは「クルド解放」という党派を結成し、一時は六〇〇〇人の支持者を集め、一九四六年にクルドの民族自決と主権を、国連に正式に訴えたりした。当時のイラク共産党は、党員の三割以上をクルド人が占めたと推定されたが、クルド分離主義には賛成ではなかった。そうした中で、イランのマハーバード共和国に亡命中のムラー・ムスタファの提案で、クルド解放を目指す新政党、イラク「クルド民主党」(ＫＤＰ)が結成される。ムラー・ムスタファは不在のまま党首に選出された。これが二一世紀に入っても活動中のＫＤＰの前身である。同党は、農業改革や農民と労働者の権利を主張するなど左派の色彩も強かったが、農民層には浸透せず、部族長、地主層が基盤だった。一九五三年には、石油国有化やクルド地域への正当な石油収入分配を求めたり、五六年になるとエジプトのナセル主義にならってイラクの王制廃止を唱えた。

第九章　幻のマハーバード共和国——イラン

ソ連軍の支援で成立

第二次大戦中の一九四一年、石油資源に野心を燃やしてイランを占領した英国とソ連は、敵ドイツのヒットラーになびく姿勢をみせた国王レザ・ハーンを追放し、年若い皇太子レザ・モハメド・パーレビをパーレビ朝第二代国王にすえた。英国はイラン南部を、ソ連はイラン北部を占領、パーレビ国王はクルド地域をも含むその中間の地域を支配した。

反目しあい、主導権を争う多くのクルドの族長たちはそれぞれ、英国、ソ連、イラン政府、あるものはそのうちの二つにさえ支援を求めた。マハーバード地域で人望のあった高名な族長でイスラム教の聖職者でもあったカジ・ムハンマドは、民族解放の助けをソ連に求めた。ムハンマドは一九四二年頃からソ連のアゼルバイジャン共和国のバクーを訪れ、ソ連と接触していたし、ソ連側は少数派の民族自決を支持していた。彼は、英ソ両軍のイラン介入をクルド自治達成の好機ととらえたのだった。一九四二年、そのころ増え始めていた都市生活者の手で、マハーバードに政治結社「クルディスタン復活委員会」が結成された。同委員会は、トルコ、イラクの同志とも連絡をとり、一九四四年には三国国境の山中で会合を開いたりした。独立、分離を直接求めたわけではないが、教育や行政の場でのクルド語使用などを主張していた。ソ連は、イランのアゼルバイジャン州で共産主義政党ツデー党を支援するとともに、北部クルド地域の分離、ソ連領への取り込みを目論んでいた。一九四五年四月、カジ・ムハンマドがソ連の後援で同委員会の委員長に就任した。次いで、その秋、やはりソ連の肝煎りで、同委員会は「イラン・クルド民主党」（KDPI）に衣替えし、イラン国内でのクルド人の自治、教育と行政の場でのクルド語使用、公務員への地元出身者採用などの目的を掲げた。

そこへ偶然、一〇月、イラクのクルド人ムラー・ムスタファ・バルザニと彼の率いる軍団の戦闘員一〇〇〇人、その家族が避難してきた。前章で述べたように、イラク国内でのイラク政府軍、英軍との戦いに敗れての逃避行であった。持っていた武器は砲八門、銃二〇〇〇丁だったという。ソ連軍は直ちにこの軍団をカジ・ムハンマドの支配下に組み入れた。ムハンマドは同胞のクルド人バルザニ軍団を温かく迎えた。バルザニ軍団とは別に、イラン領に逃げてきたイラク正規軍のクルド人将校も合流した。この将校たちの軍事的、政治的役割も共和国樹立にとって有用だった。

一九四六年一月二二日、カジ・ムハンマドは「クルド人民共和国」（マハーバード共和国）の樹立を宣言し、大統領に就任した。クルド語による教育や新聞、雑誌の出版が始まった。しかし、クルド人の有力者の中には、同共和国をソ連の傀儡《かいらい》とみる者あり、テヘラン政府に寝返る者ありで、一致団結とはほど遠かった。部族生活者と都会派との対立も激しかった。ムハンマドは、反対する部族有力者の説得に努め、クルド人民共和国と並行してやはりイランのタブリーズに成立していた隣のアゼルバイジャン共和国と話し合い、ツデー党と駆け引きし、テヘラン政府との交渉に奔走した。このときカジ・ムハンマドは、武力闘争より政治的交渉に力を注いでいた。

大統領は絞首刑

第二次大戦終結の混乱の中で、マハーバード共和国が頼みとするソ連軍は、ソ連がイランの石油権益を得た見返りに、四六年四月、クルドを見捨てて撤退を始めた。カジ・ムハンマドは、軍事力もちらつかせながらテヘラン政府と自治獲得の交渉を進めたが、政府は応じなかった。クルド側内部では、共和国の政治的側面を代表していた都会派知識人が部族長たちを嫌い、信用していなかった。しかし、軍事力を担っていたのは部族軍であり、この亀裂も大きかった。

一二月一四日、テヘラン政府は軍を投入して戦闘無しでマハーバードを占領した。クルド民族主義者の側に言わせると、このときバルザニ軍団を中心とするクルド側は三〇〇〇人の戦闘員が政府軍と激戦を展開、政府軍が爆撃機七機を投入したということになっている。政府はクルド語の印刷機を接収、クルド語の本を焼却、クルド語教育を禁止した。ここに、クルド族悲願の、史上唯一のクルド国家は一一カ月足らずの短い命を終わった。一九四六年一二月一四日のテヘラン発AP電は、「イラン軍当局の発表によると、アゼルバイジャン州西南部にクルド共和国を樹立していたカジ・ムハンマドが、激戦ののちイラン軍に投降した」とそっけなく伝えている。

クルド解放運動史上で最高の指標とされるマハーバード共和国は、悲劇の結末を遂げた。翌四七年三月三一日、カジ・ムハンマドとその兄弟、従兄弟が、マハーバードの広場で絞首刑に処せられた。国王パーレビの命令であった。

ムラー・ムスタファ・バルザニは、イラクへ帰国するか、武装解除してイランに残留するかの選択をイラン政府から与えられたが、それを潔しとしなかった。イラン政府軍に追われながら敗残の部下とともに、イラン、イラク、トルコ国境の山岳地帯数百キロを踏破してソ連領にたどりついた。今もクルド民族主義者の間に語り伝えられるイラク版の「長征」であった。

その後、バルザニはいったんイラクに戻ったが、四七年から一一年間ソ連で長い亡命生活を送った。

新国王パーレビの弾圧

マハーバード共和国崩壊後、共和国の残党やKDPI、そしてクルド民族主義者一般には、共産主義政党ツデー党とつかず離れずの関係を保ちながらもしばらくは目立つ活動はなかった。農業の進歩や通信手段の改革、工業地帯への労働者の移住などで部族社会も大きく変化した。一九六〇年代から七〇年代にかけて国王パーレビは、豊富な石油収入をてこにイランの近代化（白色革命）を推進した。しかし、その中央集権政策の下で、クルド地域はつねに経済近代化の枠の外にあった。

一九五〇年九月四日、イラク国境付近でクルド人約二万人がイラン政府軍と衝突した。「武器を捨てて投降せよ」との政府軍の最後通告を拒否しての戦闘だった。政府軍は戦闘機七機を投入して応戦した。

地下政党となったKDPIは、マハーバード共和国が潰《つい》えてから弱体化したが、左翼的な姿勢をとり、共産主義政党ツデー党と関係を保って活動していた。一九五四年、KDPIは、王制の転覆、クルド地域政府の樹立、全クルド地域の解放を掲げた。ペルシャ語による教育やクルド地域の高官が中央政府からの任命によることへの不満の声を上げた。このころ新聞「クルディスタン」が共和国崩壊後初めて発行されたが、弾圧により五号でつぶれ、一五〇人が逮捕された。東西冷戦の中で、イラン政府は、クルド自治をそそのかすソ連からのクルド語放送に神経をとがらせていた。一〇〇〇人の単位で戦闘員を抱えているクルド部族もまだいた。一九五八年、イラクに戻ったムラー・ムスタファ・バルザニがイラクのKDPとイランのKDPIの統合を呼びかけた時、KDPIの活動家二五〇人が国王パーレビの新設した秘密警察SAVAKに逮捕され、KDPIは大打撃を受けた。

KDPIとイラクのKDP党首ムラー・ムスタファ・バルザニとの関係は、クルド運動では珍しくもない支離滅裂な側面をよくあらわしている。バルザニが一九六一年、イラク国内でバグダッドのイラク政府に対して蜂起したとき、KDPIは食料、衣服、弾薬を送って助けた。六四年、KDPIの新しい指導者アブダラー・イシャキが国境のイラク側で党会議を開いたときには、バルザニが面倒を見た。ところが間もなくバルザニは、イラン国王の反イラク政府の姿勢に対する代償として、KDPIの反イラン政府活動を抑制する動きに出る。怒ったKDPIはバルザニと対決し始めた。一九六八年、バルザニの戦闘員が、イラクからイランに戻ろうとしたKDPIの幹部を捕らえて処刑し、イランのクルド側は引き渡されたその遺体をマハーバードで公開した。この衝突のなかで、イラクのクルド地域にいたイラン側クルドの活動家要人一一人のうち五人がバルザニ側に殺害された、という。

イラン国王、イラクのクルド人を支援

国王パーレビは、自国のクルド人を沈黙させる一方で、隣国イラクのクルド人を支援した。イランとイラクは宿敵である。当時イランは、イラクとの間にシャトル・アラブ川の水面の国境線問題（後年のイラン・イラク戦争の原因のひとつ）を抱え、イラクと敵対していて、イラク政府をゆさぶるために、反イラク政府のイラク・クルド人を応援していた。〝敵の敵は友〟である。七〇年代前半に、イラク領のクルド人に対するイラン政府の武器援助は、年間一億ドルに達していたとの推定がある。

国王パーレビの後ろ楯には米国がついていた。キッシンジャー米国務長官と米中央情報局（CIA）も秘密裏にイラクのクルド人に武器と資金を提供していたとされている。国王パーレビは、米国をバックにペルシャ湾の盟主、憲兵をもって任じていた。しかもイラクは、東西冷戦のさなかの七二年に、英、仏、オランダ支配のイラク石油社を国有化する一方で、ソ連に石油権益を分配し、そのうえソ連と友好協力条約を結んでいた。東西冷戦の力学からも、イランと米国は、イラク政府と対立するイラクのクルド人を支援する理由があったのである。

カシムルの登場

国王パーレビの治下を通じてみると、特に後半は、クルドの自治獲得の活動はさほど燃え上がらなかった。その最末期の一九七七年、国王に忠実だった（のちにイスラム革命で処刑された）首相ホベイダが、「クルド社会は国に対して非常な忠誠心を持っている」と語っていたのもあながちウソではない。隠微に抑え続けたとも言えるし、国王による抑圧と融和の手綱さばきが巧妙だったとも言える。

KDPIはアブダラー・イシャキを追放したあと、新しい指導者アブドル・アルラマーン・カシムルのもとに「臨時中央委員会」を設けて活動した。カシムルは、青年時代にパリに学び、ツデー党と親しく、その後マハーバードでKDPI結成に携わり、さらに再び欧州でクルド人留学生をKDPIに組織する活動をしてきた。同委員会は一九七三年に、「イランに民主主義を、クルド地域に自治を」という標語を採択した。いったんパリに戻ってから、イスラム革命をひかえた一九七八年に帰国したカシムルは、本拠をイラン・イラク国境近くに置き、戦闘員一万二〇〇〇を擁して新時代に備えた。

第一〇章　ホメイニ革命とクルド——イラン

連邦国家建設への期待、そして失望

一九七九年一月、イランではイスラム教シーア派の革命が成就した。パーレビ国王が国外に追放されて王制が崩壊した。国王パーレビの宿敵ともいうべきイスラム教シーア派の最高聖職者ホメイニ師は二月一日、イラク、パリと続いた十数年の亡命生活から故国に凱旋《がいせん》し、政権の最高指導者に就いた。

一九七八年から始まっていた革命にクルド人は積極的に参加した。大半のイラン人がイスラム教シーア派であるのに対して、クルド人は国内では少数派のスンニ派である。だが、革命の初期には、新時代のくることを期待してクルド人は積極的に加担した。パーレビ王制の末期には、イスラム聖職者が多数、圧迫を避けてクルド地域に逃れていた。クルド人自身もパーレビ王制には大きな不満を抱いていたから、その打倒には一役買ったつもりであり、新政権に協力する心構えだった。七九年二月にはクルド地域の多くの町で、連邦制の下での自治を求めて集会が開かれた。

ホメイニ師のイラン革命成立直後の七九年三月、「イラン・クルド民主党」(KDPI)側は、全クルド地域をイランとの連邦国家とする提案をしている。しかし、これが混乱の中にある新生イラン・イスラム共和国に受け入れられるわけがない。しかも、提案地域には、アゼルバイジャン人をはじめ他の少数民族の居住地域まで含まれていた。KDPI自体、クルド地域内部においてさえ、大衆的な政治基盤をもっていなかった。さらにイランの少数派(非ペルシャ人)は、クルド、アゼルバイジャン、トルコマン、バルチなど合わせると、イラン人口の半分に達する。多くは隣接国との国境近くに住み、しかもスンニ派である。シーア派の革命政府が、クルド人の分離、自治要求を容れたら、他の少数派にも波及し収拾がつかなくなることは明らかだった。

けれども、KDPIの指導者カシムルは、七九年一一月、マハーバード市の広場で演説し、「今こそ交渉の時だ」とクルド人に呼びかけた。

カシムルによると、ホメイニ師のイスラム政権には「民族」という考え方がなく「イスラム」という枠だけがあった。カシムルが当局側との雑談で、ペルシャ語で「自己選択」、アラビア語で「自治」という提案をしたところ受け入れられず、ペルシャ語で「イスラムの枠内での自己選択」と提案すると受け入れられたという。

心を躍らせてホメイニ師に会いに行った別のクルド人聖職者の、ある指導者は言う。

「亡命中のホメイニ師はクルドの権利について多くを語っていた。帰国後も当初はクルドの自治について合意の兆しがあった。彼は私と握手し、歓迎してくれた。私たちはクルドの権利について話し合った。私の論点は第一に、もしイスラム国家が樹立されても、その国家はイスラム教シーア派の国家という意味であってはならないこと（著者注　クルド人の多くはスンニ派）、第二にクルドの自治の問題だった。会見中にホメイニ師は具体的なことは何も言わなかった。そこで『あなたのために私ができることは何だろうか』と問うと、『あなたによるクルド地域の安全保障と安定だ』という答えが返ってきた。そこで私は彼の襟をつかんで『結構。私はあなたからクルドの自治が欲しい』と言った。この会見で、私は彼がクルドに何も与えるつもりはないことを悟った。[7]」

革命後の新憲法案は、少数民族にも同等の権利を保証するとうたったが、実際に施行された憲法からはそれがすっぽり抜け落ちた。以後、少数派に言及することは、真の宗教に対する犯罪行為となった。カシムルは、政府の公職から排除され、ＫＤＰＩは「悪魔の党」「外国勢力の手先」とのレッテルをはられ、非合法化された。

戦闘勃発

そのような革命後の状況の中で、早くも一九七九年、クルド地域でクルド武装勢力と地元の新体制支持グループが衝突し、わずか数週間のうちに一〇〇〇人が死んだ。三月一九日、北西部クルディスタン州の中心都市サナンダジで、自治を要求するKDPI指導の武装勢力が政府軍憲兵隊の宿舎を襲い、放送局を占拠した。政府側と戦闘を交え、双方の死者は一七〇人を超えた。政府側は、革命後の正規軍が頼りにならず、革命防衛隊（パスダラン）が前面に出て戦うようになった。翌二〇日にはクルド側が陸軍師団本部、地区警察施設を占拠、新たに死者八六人。最高指導者ホメイニ師は、内相を現地に派遣して妥協をはかり、クルド語の教育を認めたうえ、新しい州知事にクルド人を任命して、戦闘を収束させた。

しかし八月に戦闘は再発、ホメイニ師は軍と革命防衛隊を派遣した。ケルマンシャー州パベ市で、一六日から三日間KDPI戦闘員二〇〇〇人が政府の革命防衛隊と衝突し、双方の死者は四〇〇人に達した。九月二日から三日にかけてはマハーバード共和国ゆかりの西アゼルバイジャン州マハーバード市で、ゲリラ戦闘員二万人が戦車一七台や高射砲を使って戦った。一九八〇年に入っても戦闘は断続的に続き、四月中旬の二週間だけでも政府軍三七五人を含む八七五人が死亡した。

イラン政府軍による銃殺刑。1980年のピュリッツァー賞を受賞した

ＫＤＰＩ指導者カシムルは、戦闘中も、全クルド人政治犯の釈放や全クルド人人質の解放を求め、捕らえられたクルド人の処刑中止を訴えていたが、革命政府側はむろん応じようとしなかった。

クルド地域に派遣された政府側のイスラム教高位聖職者の裁判官は、即決裁判で処刑を次々に実行し、〝殺し屋〟の異名をとった。革命後二年間で、クルド人の死者約一万人と推定される。

七九年八月二八日、米国の通信社ＵＰＩが世界に配信した一枚の写真は、九人のクルド人を含む一一人が政府側の処刑隊の手で銃殺される瞬間をとらえていた。荒涼とした砂漠を背景に、目隠しのまま腰をくの字に曲げてくずおれる男たちの姿が世界に衝撃を与えた。この写真は翌八〇年のピュリッツァー賞ニュース写真部門の栄誉に輝いたが、イラン当局の報復を恐れて、撮影者の名前は伏せられたままであった。

一九八〇年九月、イラン・イラク戦争の勃発で、イラン政府とＫＤＰＩの関係は断絶する。政府は「全面降伏すれば温かく迎えよう。でなければ悲惨な死を迎えるしかない」と繰り返した。その後も断続的にＫＤＰＩの抵抗は続いたが、八四年七月ついに、政府軍に追われて国境を越えてイラク領に追い込まれた。そこで、イラクのクルド人組織、「クルド愛国同盟」（ＰＵＫ）の支援を受けることになった。

カシムル、ウィーンで射殺

一九八九年六月、ホメイニ師が死去した。間もなく、ＫＤＰＩ指導者カシムルは、話し合いをもちたいとのイラン政府の意向を伝えられた。指定されたオーストリア、ウィーンのアパートで、側近、仲介者とともに三人で政府代表を待った。そして、数時間後に三人ともアパート内で射殺体で発見された。ＫＤＰＩの後任の責任者も一九九二年、会議で滞在中のベルリンのレストランで射殺された。

しかし、その後もクルド人の抵抗は続き、一九九三年になっても、ＫＤＰＩは戦闘員推定一万人を擁し、民族自決とイランとの連邦化を主張している。それは、二一世紀になっても変わっていない。一方、ＫＤＰＩ指導層やクルドの有力者たちは、「われわれは、装備、兵員いずれでも、政府軍とのゲリラ戦に勝てるわけがない。最終的には交渉で解決するほかない」と繰り返してもいる。だが、一般クルド人の希望をどのように汲み上げるか、それをどう組織化し、どのように力に転化していくか、どのような戦略、戦術をとるか、将来への地に足のついた展望は全く開けていない。

第一一章　クルド戦争——イラク

ムスタファ、オデッサからの帰還

イラクでは一九五八年七月一四日、アブデル・カリーム・カセム准将《じゅんしょう》の率いる自由将校団の軍事クーデターが王制を倒し、イラクは共和国になった。新生イラクの臨時憲法第三条は「本国においてアラブ人とクルド人は同胞である。憲法はイラク全体の内部において両民族の権利を保障する」とうたいあげた。クルド民主党（ＫＤＰ）は、同憲法にクルドの自治をもっと具体的に盛り込むよう要請していたが、それは新政府に容《い》れられなかった。

マハーバード共和国での挫折後にソ連に亡命し、すでに一一年目になっていたムラー・ムスタファ・バルザニは、准将カセムのクーデターを知るやすぐに、「クルドとアラブの協力に貢献する」旨、カセムに電報を打っていた。カセムの側は、彼にアラブ民族主義とのバランスをとらせようとの思惑で、帰国を促した。ムラー・ムスタファは一〇月、黒海沿岸オデッサからの船で帰還し、バグダッドで盛大な歓迎を受けた。彼の部下の「バルザニ軍団」数千人もいっしょに帰国した。

彼らは、ソ連亡命当初はイランに隣接したアゼルバイジャン共和国の首都バクーに滞在し、その地のクルド人の民族意識を刺激したりした。そのせいか、次いでソ連政府の手で中央アジアのウズベキスタンの首都タシケントに送られ、その後はさらにソ連各地に分散させられていた。あるものは大学に学び、あるものはウズベク人と結婚して、この帰国のとき妻を連れて戻ってきた。

ムラー・ムスタファは、かつて抵抗した相手である王制時代の首相ヌーリ・サイードの旧居と車や高額の俸給をカセムから提供された、といわれる。亡命中から名目上のイラクのKDP党首であったが、新たにKDP議長の肩書までカセムから受けた。ムスタファはもともとKDP党内の知識人や都市部の支持者からはさほど尊敬されていなかったが、「カセムの奉公人に成り下がった」と酷評されることになる。

一九五九年三月モスルで、反カセムのアラブ民族主義者の将校が「カセムは革命を裏切った」と決起した。敵対する部族、農民、クルド人とキリスト教徒左派、政府正規軍（クルド人、アラブ人双方がいる）入り乱れての騒乱となったが、このときの戦闘では、KDPとイラク共産党（この地域ではクルド人が多い）はカセム政府を大いに助けた。少なくとも二〇〇人、推定では最大で二五〇〇人の死者がでたといわれている。

しかし、カセムはやがてクルド地域におけるムラー・ムスタファとＫＤＰの影響力に警戒心を抱くようになり、ムラー・ムスタファもカセムと距離をおくようになった。さらにクルド部族間の争いも激しくなり、親カセムと親ムスタファとが対立するようになっていく。

ペシュメルガ――死に直面する人々

一九六一年、ムラー・ムスタファの戦闘員が、親カセムの部族を襲い、七〇〇〇人のクルド人がトルコに避難した。九月、ムスタファ派のある部族が政府軍を待ち伏せ攻撃し、政府軍はムスタファの領地を爆撃した。続いて、カセムはＫＤＰの解散を命令した。一二月ＫＤＰは、政府軍に対して作戦を始める。このときのムスタファや彼に追随する部族の不満は、農業改革の遅れや、カセムが部族間対立をあおっていることにあり、必ずしもクルド民族解放の戦いとばかりは言えなかった。戦いは例によって、クルド側の政府軍待ち伏せであり、政府軍の報復爆撃であった。クルド側の発表によれば、六二年初頭までに五〇〇の村落が爆撃され、八〇〇〇人が家を失ったという。

ＫＤＰが、党として正式にゲリラ戦闘員の養成を始めたのはこのころであった。それまでの戦闘員は部族の私兵であったが、政府正規軍を離脱したクルド人将兵が、クルド戦闘員の軍事訓練を始めた。これから後、クルド運動の武装闘争を担うこれら戦闘員を、大義に殉ずる人たちへの敬意をこめて「ペシュメルガ」（死に直面する人々）と呼ぶようになった。

中央政府では、ナセル主義のバース党勢力が勢いを増し、カセムの失権が近づいていた。KDPは、反カセムの軍がバグダッドでカセム打倒に力をさいている間はクルド地域で軍の弱みをつかない、という取引をして、次の時代のクルド自治実現に備えた。

バルザニ軍団のペシュメルガたち

バース党政権

一九六三年二月八日、バース党系将校団がクーデターを起こしてバース党政権ができ、カセム将軍は殺害された。同政権の最大の関心事はナセル主義、アラブ民族主義であり、クルド問題は二の次であった。カイロで開かれた会議へのイラク代表団にはKDPのリーダーのひとりジャラル・タラバニが加わったが、四月に結ばれたイラク、エジプト、シリア三国間のアラブ民族主義の結実、「アラブ連合」樹立の合意にはクルドへの言及はなかった。

KDPはバース党アレフ政権に対しても、広範な自治要求を執拗に掲げた。モスル、キルクークの油田地帯もクルド地域だと主張し、石油収入の正当な分配を求めた。政府側は応じず、再び戦いが始まる。政府軍に包囲されたスレイマニヤでは、多数の死者と行方不明者を出した。またペシュメルガと疑われたものは即決裁判で処刑された。

六三年一一月、大統領アレフの体制内クーデターがバース党を駆逐する。

六四年五月に大統領アレフは臨時憲法を制定したが、クルド人にとって得るところはなかった。アレフは軍高官からの突き上げと政権転覆への恐怖におののいていた。

六五年三月、ムスタファのペシュメルガ一万五〇〇〇人に対して、一〇万の政府軍が攻撃を始めた。政府軍が昼間に奪った町や村を、ペシュメルガが夜になると奪い返すという事態が繰り返された。政府空軍は、ペシュメルガの拠点であり、イランからの補給基地でもあるイラン国境をナパーム弾で攻撃したが、むしろ反撃された。一進一退のうちに、六六年四月に大統領アレフがヘリコプター事故で死亡し、戦闘は終わった。

アレフの後任、大統領アブダル・ラーマンは「クルドに自治は与えない。反乱者とは交渉しない」とにべもなかった。しかし、アレフの下の首相バザズは、クルドの自治を認める方針を宣言していた。戦闘中の六五年六月にクルド代表団をバグダッドに招き、クルド人の自治を認める一五項目を提案し、ムラー・ムスタファはこれを受諾した。ところが、このことを怒った軍の圧力で、バザズは辞任せざるを得なくなった。

ＫＤＰはこのころ、イラクの敵である二つの国、イランとイスラエルから支援を受けていた。イランは、ソ連の手先ともいうべきイラク政府に敵対するイラクのクルドに好意的だった。イランはイラク政府の抗議にもかかわらず、六六年までムスタファの武器の二割以上を供給していたとみられる。

イラン・イラクの代理戦争

一九六八年七月成立のバース党政権は、クルド問題の平和的解決を目指して、複数のクルド人閣僚を採用、バザズ宣言を実行する姿勢を見せた。しかし、クルド側はイブラヒム・アーメド、ジャラル・タラバニ組が「ムスタファはクルドの真の代表ではない」と主張し、自らの戦闘員のためにイラク政府から俸給を受け取る。一九六八年秋から、ムラー・ムスタファとタラバニらの間にしばしば小競《こぜ》り合いが生じた。一方で、ムスタファは、イラク政府軍と再び戦闘を開始し、キルクークを砲撃した。六九年四月、イラン政府が三七年のシャトル・アラブ川協定を破棄したため、両国の間柄が険しくなっていた。ムスタファはイラン政府（加えて米国中央情報局）の援助を、タラバニはイラク政府の支援をそれぞれ受けていた。不幸なことに、結局、クルドの同士討ちであり、イラン・イラクの代理戦争を戦っていたのである。六九年までの一〇年間の死傷者六万、クルドの村落の七五パーセント、三〇〇〇戸が破壊されたと推定されている。

一九七〇年、バース党政権はムスタファと自治で妥協することを決断し、クルド側と政府は和平合意に達する。このときは、後年のクルド弾圧で知られるサダム・フセインがクルド地域に乗り込み、ムスタファとひざ詰め談判に及んだ。合意の内容は、クルド地域の自治、クルド人の副大統領、閣僚、軍高官の登用、クルド語の公用語化、クルド語による教育の強化、クルド人多数地域での公務員にはクルド人あるいは少なくともクルド語を話せる者を採用すること、クルド結社の自由、クルド地域開発基金の設置などで、これまでのさまざまな提案のうちで、これほどクルドにとって有利なものはなかった。

ところが、ムスタファはキルクークをクルド地域と認めないなら受け入れられない、と突っ撥ねた。キルクーク油田は、イラク石油の七〇パーセントを産する大油田で、中心の町キルクークは、イラクのクルド人が将来、クルド国の首都、クルド経済の主柱と考えていた。だが、クルド人がここの住人の多数派かどうかについては、クルド側と政府の間で数字が食い違う。一九四七、六五両年の人口調査はあるものの、ムスタファはそれを信用しない。政府側は、

「クルド側がこれからトルコとイランから同胞を集めてきて人口を水増しするのではないか」と警戒し、さらには、オスマン・トルコ帝国時代から住んでいて、イラク市民権をもっていないキルクークのクルド人を、イラン人だと主張する。

ムスタファは「自治を求めて一〇年間戦ったのだから、キルクークのためにもう五年戦う」と言ったと伝えられる。

翌一九七一年にはムスタファ暗殺未遂事件が起きた。ムスタファの本拠地ハジ・ウムランを訪問したイスラム聖職者の一行が持っていたテープレコーダーが爆発して、代表団に死者が出た。ムスタファに怪我はなく、一行もこの事件に関与していなかったようなので、ムスタファはイラク政府への不信感を深めた。

ムスタファはイラク政府との約束のイラン国境閉鎖を実行しないばかりか、かえってイランからの武器、装備の搬入を続ける。そして翌七二年にかけて、米国にしきりに支援を訴えた。六五年以来接触のあったイスラエルからも資金や武器の受取を再開、戦闘員の訓練についても協力を得た。

ＣＩＡのクルド支援

七二年四月、東西冷戦のさなかに、イラクはソ連と友好協定を結んだ。翌月、米国はペルシャ湾の憲兵と呼ばれたイランを支援することを決め、米国とイランによるイラクのクルド支援が本格化する。米国はそれまで、中東の重要な友好国トルコとイランへのクルド問題の波及を恐れて、イラクのクルド人支援には及び腰だった。同年六月のイラクの石油会社国有化は、イラク政府がキルクークをいよいよ手放さないだろうと、クルド側のあせりを誘ってもいた。ムラー・ムスタファは七三年六月、米ワシントン・ポスト紙上で「米国が狼から守ってくれるなら、われわれは米国の政策に従って行動する用意がある」と述べている。ムスタファはイランの首都テヘランで米国務長官キッシンジャーに会い、米国中央情報局（ＣＩＡ）によるイラクのクルド支援は大規模になった。

民族解放闘争が外国依存に陥りやすいのは常だが、オスマン・トルコ帝国崩壊以降、クルド民族の場合はどの国においても著しい。それはそれでやむを得ないとしても、このときのムスタファの判断の誤りは、後年酷評される。米国はクルド自治に肩入れしたのではなく、時の国際政治のパワー・ゲームの中で自国の利害に従っているだけだ、という認識があまりになさすぎた。

七四年―七五年戦争

一九七四年三月一一日、イラク政府はクルド自治法を発表した。ちょうど四年前のこの日の合意が、四年以内に自治権を認める約束だったからである。ところが、ムスタファとKDPは依然油田地帯キルクークの領有を主張して譲らず、「政府は裁判権を通じてクルド地域の実質支配を狙っている」と政府を非難してさらに亀裂を深めた。それは一般のクルド人の望むところとは大きく懸け離れた判断であった。せっかく政府からこれまでで最大の譲歩を得られたのに、より多くを望んで元も子もなくした、とその政治判断の誤りを後年指摘されたところである。

四月、自治交渉は決裂し戦争が始まった。クルド側は、よく訓練されたペシュメルガ約五万人、戦闘力のある補助要員約五万人を動員した。対する政府の正規軍九万人。クルド側は重火器が不足し、キルクークを守る長距離砲もない。政府軍は、戦車、装甲車一二〇〇台、空軍機二〇〇機を投入した。イラン政府は、クルド人の衣装をまとったイラン正規軍を国境を越えて送り込み、イラン領からも中、長距離砲を打ち込んでイラクのクルド人を助けた。空中ではイランの米国製ホーク・ミサイルとイラクのソ連製ミグ23戦闘機が対戦した。

アルジェ協定の悲劇

そこへ、クルド側にとって大きな不運が襲った。一九七五年三月六日、折からアルジェリアの首都アルジェで開かれた石油輸出国機構（OPEC）の総会で顔を合わせたイランの国王パーレビとイラクの大統領バクルが、アルジェ協定を結んだのである。

ペルシャ湾近く、両国を分けるシャトル・アラブ川の国境が、イラン側の川岸にあることにイランは長年不満があり、それを川の真ん中に変えるよう望んできた。それをイラク側が飲み、国境順守、両側からの侵攻停止を合意し、長年の両国の不和の原因が取り除かれた。イランの国王パーレビは、イラク政府に敵対するイラクのクルド人を支援する理由がなくなり、支援を停止した。イラクのクルド人を守っていたイラン軍は、アルジェでの協定成立から数時間で後退を始めたという。すかさず、イラク政府軍はムスタファの本拠地ハジ・ウムランを脅かした。すでに七五年初めから戦線で劣勢に立っていたクルド側は、これで崩壊した。

このとき武装解除されたペシュメルガの携えていた武器はソ連製をはじめ、チェコ製、中国製、スペイン製、英国製、フランス製があり、寄せ集めの武器で戦う少数派の悲劇をまざまざと示していた。イラク政府軍の戦争コストは一日二五〇万ドルであり、クルド側はその八分の一。国際赤十字の推定によれば、政府側戦死者七〇〇〇、負傷者一万、クルド側はそれをやや下回った。イランへ流出したクルド人難民、戦闘員やその家族は約二〇万。戦争中、トルコが国境を封鎖したため、食料の供給が途絶え、戦火で家を失った者も多数おり、クルド人の生活は悲惨だった。

イラク政府は、戦闘開始と同時に、五人のクルド人閣僚全員の首を反ムスタファ派にすげ替えていた。アルジェ協定以降は、トルコ、イラン国境に幅三〇キロメートルの安全保障地帯を設け、このため立ち退かせたクルド人六〇万以上を集団キャンプに収容した。キャンプは装甲車が警備し、故郷へ逃げ帰ろうとする者はその場で射殺された。ムスタファの率いたバルザニ族は最も遠い南部イラク（そこはイスラム教シーア派が多い）に送られた。キルクークからも多数のクルド人が移住させられ、またクルド人が多い町や村は隣の州に編入され、クルド人口が薄められた。クルド人の公務員、警察官、兵士はクルド人地域以外へ配属がえになった。

ムラー・ムスタファは、五万人を超えるペシュメルガと一般クルド人とともにイランへ逃げた。そこから、CIAの保護の下に米国に亡命し、ガンを病んで一九七九年失意のうちに、七七歳で客死した。このとき米国政府は、悲劇の英雄、ムラー・ムスタファ・バルザニに対してひどく冷淡だったようだ。亡命に付き添った子息のマスード・バルザニは「私たちは（米国に）見捨てられ、傷ついた」と後年語っている。

支援を失ったイラク領内のクルド人に対するサダム・フセイン政権の弾圧は、この時点からイラン・イラク戦争を経て九一年の湾岸戦争まで、後述するように苛烈を極める。

伝説の闘士バルザニ

ムラー・ムスタファ・バルザニについては第八・九章でもふれた。一九〇二年生まれのこの闘士は、山岳地帯を拠点に、ゲリラ活動を展開、自治獲得を目指して中央政府と生涯戦い続けた。イラクのクルド民族主義の象徴的な存在であり、民族の英雄、伝説的闘士とされる。クルド人の名門バルザニ族の首長として、三三年兄アーマドの反乱の後を継いだ。イラク政府の手でスレイマニヤに軟禁されながら四三年に脱出、政府の追跡隊を逆に武装解除し、再び反乱を宣言した。混迷のうちに、自らの育てたゲリラ戦闘員四五〇〇人を率いてほとんどエルビル占領にこぎつけながら、キルクークの油田を守る英空軍に敗れ、イランへ避難した。そこでソ連軍の支援の下に成立したのが前述のマハーバード共和国で、そこに迎えられた。その後ソ連軍が撤退し、マハーバード共和国が崩壊すると、ムラー・ムスタファは雪の山岳地帯を数百キロの苦難の行軍、まさにイラク版「長征」の末、ソ連領にたどりついた。四七年からソ連のアルメニアに亡命、五八年の共和制移行とともにイラクに戻り、クルド民主党（ＫＤＰ）の党首に就任した。

妻の実家ジバリ族は、反バルザニの部族で、二人の婚姻後もそれは変わらなかった。しかも、ジバリ家は、オスマン・トルコ、英委任統治、ハーシム家王制、サダム・フセインいずれの時代にも中央権力と結んでいる。反中央政府の雄であったムラー・ムスタファの結婚は政略か懐柔策か、彼の謎の多い生涯の中でも大きな謎であった。

不屈の闘志、ゲリラ戦の卓越した指揮能力、決死のゲリラ戦闘員を多数統率するカリスマ性を疑う者はいない。だが、同じクルドでありながら彼に反対した部族への激しい憎悪と反目、党内外の政敵への容赦ない仕打ちからみて、彼が真に目覚めた民族主義者だったのか、あるいは単に昔ながらの部族意識で自分の縄張りを広げ、支配したいだけの封建的部族長だったか、疑問が残る。ソ連亡命一一年の経験から共産主義に理解があるとみられ、しかもいつもそのチャンスがありながら、クルド人党員も多かったイラク共産党とは共闘ができなかった。

一方で、相手の意図を読み切れない外国依存が過ぎた。また、部族依存の色が濃く、都市部住民や知識階級をひきつける力が弱かった。妥協性のなさと政治判断の未熟も多々指摘される。部族単位の主導権争いの方が優先し、民族解放への広い視野が不足していた、との厳しい分析もある。

ムラー・ムスタファ・バルザニ

ムラー・ムスタファの子息マスード・バルザニは、父親の指導の下に山岳地帯で育ち、六三年に一六歳で銃をとった。イラク政府との戦いで三人の兄弟と三七人の親族を失ったと語っている。父親の米国亡命に付き従ったが、のちにイラクに戻り、一九七六年、壊滅したＫＤＰを再建、党首に就任した。

第一二章　バルザニとタラバニの反目と抗争

山地のバルザニと平野のタラバニ

ムラー・ムスタファ・バルザニの米国亡命で、いったんは分解したKDPは、その子息マスード・バルザニが一九七六年八月、臨時指導部を結成して再建した。一方、ムスタファの党内政敵ジャラル・タラバニは、KDPと袂を分かち、一九七五年六月に僚友とともにシリアのダマスカスでPUKを結成していた。タラバニは結成の声明で、イラクにおける中央政府に対する反乱の失敗を「封建主義者、部族主義者、ブルジョア右派の無能のせい」と断じた。これは、左派知識人の色合いの強いタラバニの、あからさまなKDPおよびバルザニ一族への批判であった。同時にKDPの体質をよく言い当ててもいた。

タラバニは、若くして政治運動に入り、一九六〇年代にKDPの中で頭角を現し、ムラー・

ムスタファの下で書記長をつとめたイブラヒム・アーメドの女婿となった。タラバニとムラー・ムスタファとの確執はそのころにさかのぼる。

主導権争いであることは間違いないが、両者の違いはまず、その基盤と背景にある。地勢と知性。ＫＤＰの基盤はイラクのクルド地域では北部、トルコ国境に沿う。緑の影のみじんもない岩また岩の山岳地帯である。一方、ＰＵＫの地盤はエルビル、スレイマニヤなどの町を含む山麓、平野部に近い。正規の教育を受けていないバルザニ一族はしばしば「山中の地方的な視野のリーダー、粗野、好戦的、封建的」と言われ、タラバニは、はっきりはしないが弁護士、ジャーナリストの経験もあるとされ、「左派、都会派、近代派、非武闘派」と言われる。

六四年、ムスタファは大統領アレフとの間に、統一イラクにおけるクルドの民族的権利の承認、政治犯の釈放、経済封鎖撤廃の合意を結んだ。イブラヒム・アーメドとタラバニは、合意の中にクルドの自治が省かれていることを理由にムラー・ムスタファにかみついた。ムスタファは、大統領アレフから弾薬と資金の援助を受けながら、ＫＤＰ幹部を総入れ替えして側近で固め、アーメドとタラバニやその戦闘員をイランへ追い出してしまう。このときムスタファはＫＤＰを完全にわがものとした。

六五年にムスタファのＫＤＰとイラク政府軍が戦ったときには、アーメドとタラバニの戦闘員もイランから戻って、いったんはＫＤＰの戦列に復帰した。が、翌年にはタラバニがイラク

ジャラル・タラバニ

政府から資金を得て、またムスタファと対抗し始めた。十数年後に完全に袂を分かってPUKの結成に至ったのは、長い反目からみて当然ともいえる。そのときタラバニはKDPのダマスカス駐在に飛ばされていた。

PUKは、結成直後の一九七六年から七七年にかけてKDPと何回か騒ぎを起こす。発端はトルコからイラクに入ろうとしたPUK要員五〇人がKDPに殺されたという理由だった。まだダマスカスに滞在していたタラバニは、恨みを抱きながらイラクに戻り、PUKはシリア、リビア、イランの資金で武装した。本来の相手のイラク政府と戦うためではなく、KDPと対抗するためである。

一九八〇年に始まったイラン・イラク戦争の初めの二年間、イラクのサダム・フセイン大統領は、「クルドは内紛のためになにもできない」と見込み、クルド地域駐留の政府軍を縮小したほど両者の争いは激しかった。

「クルド地域政府」が成立しても

湾岸戦争の遺産として一九九二年に成立した前述（第三章）の「クルド地域政府」は、イラクのみならず全クルド人の歴史上、画期的なものであった。大国保護の下とはいえ、そして中央政府との対峙は続いていたとはいえ、念願の自治の第一歩であったことに間違いない。ところが、同政府の二本柱のKDPとPUKは一九九四年、ささいなことからまた諍《いさか》いを始めた。カラ・ディザ地域のKDPメンバーとPUK支持の農民との土地争いに端を発して、次々に他の部族も巻き込んで、KDPとPUKの武力抗争に発展した。九四年八月には、死者一〇〇〇人、家を失った者七万人と推定された。クルド地域を保護していた米国の仲介で、なんとか休戦が実現したが、KDPは、自らが管理するトルコ国境での輸出入物資の関税を着服するようになった。当時、イラクのクルド地域から外国への唯一の窓口であるトルコ国境から、一日一五〇〇台のトラックが国連や欧米からの食料、医薬品をはじめ日用品を運び込み、クルド人の生活を支えていた。トラックは帰りにはイラクの石油を積んで、非産油国のトルコに帰っていった。

KDPとPUKの間だけではなく、九三年末にはPUKとシーア派原理主義組織「クルド・

イスラム運動」(ＩＭＫ)との間でも戦闘が発生しており、双方で三〇人が死亡、一五〇人が負傷した。ＩＭＫはクルド戦線への参加を拒否し、イランの支援を受けながらイラク北部で独自の活動をしていた。

相次ぐ同士衝突

九四年一二月にもＫＤＰとＰＵＫは、ある部族の寝返りについての争いから衝突し、死者五〇〇人を出した。多くの町や村で混乱が起こり、かんじんの「クルド地域政府」はマヒした。このときはＰＵＫが仕返しに〝首都〟エルビルの同政府の議席を独占した。両者の衝突の激しさは、九五年一月、共通の闘争相手であるはずの中央政府のサダム・フセインが、両者の仲をとりもとうとしたほどだった。

九五年二月、ＫＤＰ支配地ザッホの両替市場に仕掛けられた爆弾で七六人が死亡した。マスード・バルザニは「事件の背後にタラバニがいる証拠がある」とＰＵＫを非難し、両者の仲は一段と悪化した。行政組織を運営する能力の不足はさておくとしても、長年の夢だった自治を一応手に入れながら、二本柱がこれでは地域政府の運営はうまくいかない。同年四月にまた米国の仲介で休戦し、これは三カ月間続いた。七月にまた両者の間に戦闘が再発したとき、今度はイラン政府が両者の間に立とうとした。タラバニのＰＵＫはイランの支援を受けていたし、

ＰＵＫの支配地から外国への唯一の出口はイランだったからである。イラン政府が、イラン国境沿いに布陣するＰＵＫを支援したのは、イランのＫＤＰＩがイラク領から攻撃を仕掛けてくるのを防ぐため、この地域に米国の影響力が及ぶのを嫌っていたため、そしてサダム・フセイン政権をゆさぶる狙いがあったためである。

九五年夏、米国政府が仲介してアイルランドのドローイダで、ＫＤＰとＰＵＫ和解のための会議を開いたがうまくいかなかった。

この諍いの間、トルコのＰＫＫはイラク領の拠点から作戦を遂行していたから、トルコ政府も関心をもたざるを得なかった。一九九五年三月、ＰＫＫ制圧のためのトルコ軍三万五〇〇〇人がイラク領クルド地域に一カ月半駐留、九六年五月にも大規模に駐留した。トルコは米国に頼りにされているし、イラクの飛行禁止ゾーンを監視する米主導軍（いわゆる多国籍軍）にインジルリク基地を提供している。イラク領クルド地域はもちろんそのゾーンの中だから、トルコはそんなことができた。また九六年七月には、イラン政府軍五〇〇〇人が、ＰＵＫ支配地域に逃げ込んでいるイランのクルド人を追跡して国境から七〇キロもイラク領内に入ってきていた。

ＫＤＰ、イラク政府と組む

一九九六年六月には、それまで中立だった部族スルチがＰＵＫと提携したらしいというので、

ＫＤＰがスルチ族の村を襲ってその族長を殺害した。これで両者は八月まで小競り合いを続けた。マスード・バルザニ率いるＫＤＰは、ＰＵＫがイラン政府の支援を受けていることに対するかりそめの措置だといいわけしながら、イラク政府軍の公然の支援を受けて、優勢に立った。イラク軍は間もなく撤退したが、イラク政府はそれまでＰＵＫ優位だったエルビルの支配をＫＤＰに与えた。ＫＤＰとＰＵＫが一九九四年以来繰り返した抗争で、死者は約三〇〇〇人と推定されている。

九六年八月、ＫＤＰとＰＵＫがまた交戦、ＫＤＰの要請でイラク軍がＰＵＫの拠点を制圧、これを懲罰するために米軍はイラク南部をミサイル攻撃した。一〇月末、米国の調停でＫＤＰとＰＵＫは停戦協定に調印したが、両者の戦闘はすぐ再燃した。

両者の抗争は、サダム・フセイン中央政府にはむろん好都合だった。米主導軍の保護があまり役に立っていないことが証明されたし、ＫＤＰが頭を下げてきているのだから、クルド地域における中央政府の主権を取り戻した時にＫＤＰと自治の取引をすればよい、と考えられた。

米国仲介の手打ち

それまで、米国中央情報局（ＣＩＡ）を通じてバルザニのＫＤＰを助けてきた米国政府は、九六年夏にＫＤＰがイラク政府の支援を受けたことについて、イラク政府側への寝返りだ、と激怒した。米国はクルド支援の効果の薄いことを見せつけられていい気がするはずはない。米国がKDPとPUKの喧嘩の四回目の仲介に立つまで、それから二年を要した。米国政府は一九九八年九月、バルザニとタラバニをワシントンに招き、手打ちをさせた。バルザニは、イラク政府の支援を受けたことは、クルド内部の政争による「一時的な戦術だった」「イラク政府と永続的に同盟を結んだわけではない」と弁明した。米国側は、クルドとイラク政府の間に距離を置くことを優先した。

「米国務省は、イラクのクルド族の反目しあう二つの派を仲介し、バグダッドの中央政府サダム・フセインに反抗するよう統合させた」(一九九八年九月一八日付、米ニューヨーク・タイムズ紙)。米国務長官オルブライトは「共同で活動する彼らの努力に対して新しい希望に満ちた章を開いた。統合なくしては前途はきわめて困難だ。統合があればイラクのクルドにとって、自治は希望となり、期待できることになるだろう」と満悦であった。国務省中近東担当国務次官補ウェルチは「彼らの利益はバグダッドやテヘランにではなく、米国とともにあることを、われわれは、彼らに証明してみせようと試みた」と、胸を張った。

ＰＫＫとの対立と支援

イラクのＫＤＰやＰＵＫとトルコのＰＫＫの間も、同じクルド人同士でありながらうまくい

ＰＫＫの党首アブダラ・オジャラン

かないことが多い。ＫＤＰとＰＫＫは、ＰＫＫが武装闘争を始めたころ、一九八三年に「連帯の原則」に合意、署名した。ＰＫＫ幹部はトルコからイランのテヘラン経由で、徒歩の戦闘員はトルコ国境を越えてシリアから北部イラクへ往来した。三国の国境付近がＰＫＫの最大の拠点となり、ここにはＫＤＰの本部、ラジオ基地が同居した。ところが、ＰＫＫがＫＤＰのメンバーやその婦女子に暴力をふるったというのがきっかけで、八五年には両者の関係は冷え始める。ＰＫＫ側は、ＫＤＰがトルコ政府に協力しているという疑いも抱いていた。トルコ政府側の離間策も功を奏して、八七年になると、ＫＤＰはＰＫＫを激しく批判する。いわく「ＰＫＫはわが党の指導者、政策に攻撃的姿勢をとっている。ＰＫＫは国の内外でテロ行為を行い、人間を抹殺している。こうした行為の背後にある心情は人間性と民主主義に反し、クルド民族解放運動に沿わない」。

この年、両者の連帯は終わった。

八八年ごろ、今度はイラクのPUKがトルコのPKKと、シリアのダマスカスで「相互理解の議定書」を結ぶ。クルド統一と協力、連帯行動強化が目的であった。PUKのタラバニは「トルコ政府がPKK戦闘員を捕捉するために北部イラクへ侵入を繰り返すなら、われわれはPKKのオジャランを公然と支援する」とトルコ政府を脅した。

悪罵の投げ合い

蜜月は長続きしない。一九九一年一二月、PKK党首オジャランがシリアの隠れ家を出て北部イラクのタラバニの拠点でタラバニと会ったが、このころPUK戦闘員がPKKの幹部七人を逮捕したと伝えられる中で、両者は決裂した。

九一年の湾岸戦争のあと、イラク北部のクルド人の生活はトルコ政府に依存した。「クルド地域政府」を認めないフセイン中央政府の経済封鎖の下で、国連の援助物資をはじめ必需品は、唯一の開かれた門、トルコ国境から入っていたからである。トラックで一日一五万ドル相当の物資が運ばれていた。KDPは「トルコはわれらが生命線」と言い、九二年六月にトルコの首相デミレルと会ったPUKのタラバニは「親愛なる兄弟」と呼ばれ、「イラク北部の民はトルコ政府と国民の支援を忘れないだろう」とエールを交換した。

トルコ政府と戦っているＰＫＫにとって、これが快いはずがない。オジャランは、ＫＤＰのバルザニに対しては「人民を操作するケチなブローカー、トルコ政府の協力者、反動、封建的人物、未熟なナショナリスト」と、タラバニに対しては「クルドの血でもって悪質なブローカー商売をしている。この二人はわが敵だ」と悪罵の限りを尽くし、「この二人はトルコ政府と協力して、ＰＫＫを背後から刺そうとしている」と決めつけた。一方、バルザニは「ＰＫＫは残忍なテロリスト」とやり返した。

ＫＤＰとＰＫＫの戦闘

九二年六月に、長年ＫＤＰ支持だった北部イラクのシンディ族の族長が、そのころできたばかりの親ＰＫＫのグループに寝返ったとの理由で殺された。ＰＫＫはＫＤＰの仕業と非難し、仕返しにＫＤＰの戦闘指揮官四人を待ち伏せて殺した。ＫＤＰは九二年一〇月、トルコ軍の掃討作戦を逃れてイラクのクルド地域に逃げ込んでくるＰＫＫの陣地へ攻撃を開始し、国境のキャンプを封鎖した。ＰＫＫは、イラクへの物資やトルコ軍からＫＤＰへの武器援助の流れを止める。バルザニは、「クルド地域政府」の主権をＰＫＫが犯した、と宣言。「クルド地域政府」は、ＰＫＫが国境の三〇の集落を占領し、イラク政府と通じて、イラン、シリアの中央政府がイラク国内のクルドに敵対するように仕向けている、と非難した。

戦況は、トルコ政府から武器援助を受けていたイラクのKDPに有利に展開した。トルコ軍の介入もあって、PKKがイラクのクルド人に降伏したのは、その直後であった。一一月初旬までにPKKの二五〇〇人がKDPに投降し、PKKは武装解除に甘んじる代わりに戦闘員の安全保障を得る協定を結んで戦闘は終結した。PKK側はこの戦闘でオジャランが足を負傷したと公表したが、真偽のほどは分からない。

翌九三年二月にはPKK党首オジャランとPUKの党首タラバニがシリアで会談し、PKKとトルコ政府の間の休戦を話し合い、これが翌月のPKKのトルコ政府に対する一方的休戦宣言につながった。

九五年八月に、「KDPの幹部二人がトルコのテレビに出演してPKKをテロリスト呼ばわりした」という理由で、PKKの最高幹部が、KDPのバルザニを訪れて発言の撤回を求めた。バルザニがこれを拒否したため、PKKはKDPへの報復にふたたび戦闘を始めた。トルコ領のクルド人は、国連の援助担当職員を人質にとってKDPからの攻撃に備えた。

バルザニは、「オジャランはクルドの敵。PKKは忘恩の徒。PKKはKDPの支援がなければ存在しなかったはず。八〇年代にトルコの軍事クーデターでイラクへ逃げ込んできたとき、KDPが与えた支援をすべて忘れている。われわれはトルコ政府から申し出はあったが、支援は受けたことはない」と力む。

一方のＰＫＫは、そのころＫＤＰと対立していたＰＵＫ支配下のイラクのエルビルで発行されていたＰＵＫ系の週刊誌上で、「バルザニの戦闘員は、その狭量な部族の利害のために、トルコ情報当局と協力して、クルドの愛国者を虐殺してきた」とののしった。

ＰＵＫは、ＰＫＫとＫＤＰの争いを、敵ＫＤＰに対する第二戦線と考えていた。

トルコ政府は、反ＰＫＫであるＫＤＰの姿勢を、暗黙のうちにではあったが支持していた。

第一三章　イラ・イラ戦争はじまる

虚々実々の駆け引き

イラクの人口の半分以上がイスラム教シーア派だが、イラクのバース党政権は少数派のスンニ派が握っている。シーア派は、政治権力から疎外され、経済的にも置き去りにされている。イラク政府は、イランでのシーア派革命の成功に脅威を感じ、その波及を恐れていた。国内で急進派のシーア派を弾圧する一方で、イランの旧パーレビ王制下の政治家や軍人の亡命を歓迎し、かれらもまたイランでの反革命に備えた。イランの最高指導者ホメイニ師は、イラクの大統領サダム・フセインを激しく非難し、次はイラクでのシーア派革命だと威嚇して、イラクの反政府勢力ＫＤＰのマスード・バルザニを支援し始めた。彼がつい最近まで国王パーレビに協力していたことを忘れたかのようであった。

一九八〇年九月、イラクの大統領サダム・フセインは、五年前にイラン国王パーレビと結んだアルジェ協定を破棄して、南西部イラン領土に進軍した。イスラム革命でイラン国内が混乱していて、イラン軍は将軍たちの多くが処刑され、兵員は逃亡し、骨抜きになっている、と読んだうえで仕掛けたのであった。

戦争の舞台裏は、両国の正規軍の戦いよりも、はるかに複雑だった。戦争初期には、イラクのフセイン政権は、クルド地域に立法評議会の設置を提案、八二年には閣僚四人と副大統領にクルド人を起用する懐柔策をとり、クルド人政治犯の大量恩赦まで実施した。しかし、情勢はおさまらない。北部クルド地域では、クルド勢力がイラク共産党（ＩＣＰ）やシリア系バース党などと連携して政権に反抗する。

ＫＤＰ、ＰＵＫ、イラク共産党、イラク・クルド社会党（ＩＫＳＰ）、政府が雇うクルド人軍団、あちこち渡り歩く逃亡兵グループ。これらが時期によって違う相手と争い、連携し、交渉した。加えて、イランの政府軍やイラン・クルド民主党（ＫＤＰＩ）との対立、連携もある。イラク政府軍とイラン政府軍が対峙していた中、南部戦線の状況によってもすべてがくるくる変わった。

八四年二月、イラク政府は戦線で優位に転じたのを機会に、クルド人に対して圧力を強め、同三月には反政府クルド人一六人を処刑した。八五年四月にはイラク北部の通信網整備プロジェクトに従事していた日本人技師二人がPUKに誘拐され、九月に解放された。クルド紛争に日本人が巻き込まれた唯一の事件であった。

一九八六年ごろPUKは、KDPIを支援することをやめるのを条件に、イラン政府と話をつけてイランから武器と資金を受け取った。その武器を使って、イラク政府軍を南部戦線から北部のクルド地域に引き付けておき、イラン政府軍の負担を軽減させる作戦をとった。KDPも同様のことをした。このころ、KDPの戦闘員数一万、PUKは二万と推定された。

八七年五月にスレイマニヤ州で強制移住に反対するクルド人が暴動を起こし、五つの州に広がる事件があったが、大勢には影響しなかった。KDPのマスード・バルザニとPUKのジャラル・タラバニはこの年、イラク政府が戦争をしている当の相手国イランの首都テヘランで会談した。これをきっかけに、両党をはじめとするイラクの反政府五派の共同戦線が結成された。

一九八八年に入ってイラクの大統領サダム・フセインは、クルド武装勢力やイラン正規軍とのクルド地域での戦闘に苦しんで、タラバニと秘密の和解交渉を再開しようとしたが、タラバニは拒否した。

毒ガスでの大虐殺

一九七五年のアルジェ協定以降、隣国イランのパーレビ国王の支援を失ったイラクのクルド

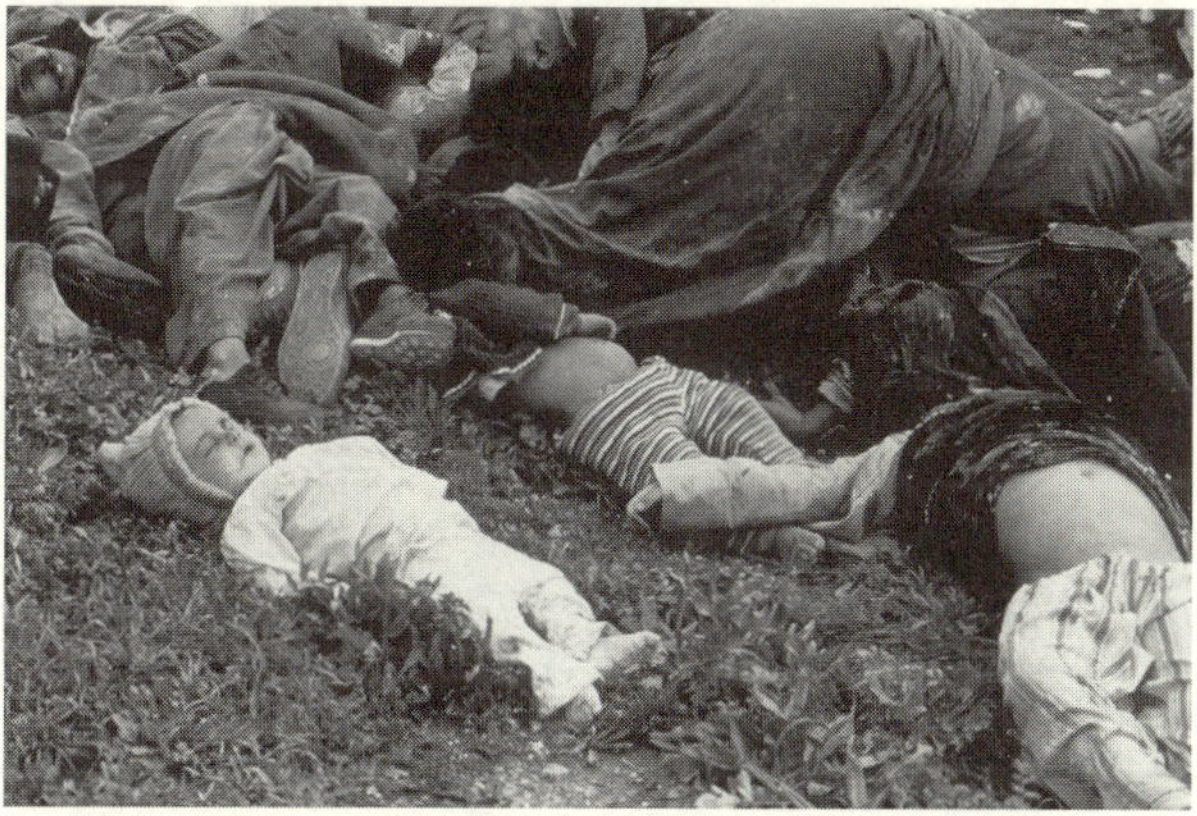

イラクの化学兵器による犠牲者

人に対して、フセイン政権の弾圧は、イラン・イラク戦争を通じて苛烈を極めた。七五年大統領に就任したサダム・フセインは、戦争中、イラン軍、クルド武装勢力との戦いと並行して、一般のクルド人まで大量に虐殺した。爆撃、砲撃、毒ガスを使い、クルド人の村落五〇〇〇のうち四五〇〇を破壊し尽くした、とクルド側は言う。「われわれは大量虐殺に直面し、辛うじて生き残った民族である」と。

一九八三年七月のある日、イラクのエルビル南方五〇キロのクルドの拠点村落クォシュ・ティパは、イラク軍に包囲され、一二歳以上の男子全員八〇〇〇人が連れ去られた。姿を消した男たちは二度と村に帰ってこなかった、と村人が証言している。

八八年三月一五日、PUKとイラン軍は、イラン国境に近いイラク・スレイマニヤ州のクルド人村落ハラブジャを占領した。翌一六日の正午ごろ、ハラブジャはイラク軍の砲撃を受けた。夕方五時四〇分ごろ、イラク空軍機八機が上空に現れ、爆撃した。爆弾は爆発すると黄色い煙が噴き出し、煙は地上を這って動かなかった。煙を吸った村人は苦しみ、ある者は川に飛び込み、ある者は家屋に逃げ込んだが、昼間の砲撃で窓が吹っ飛んでいる家々は戸外と同じ状況だった。多くの人が路上で死んだ。狂ったように笑いながら死んだ人もいた。

この村で少なくとも四〇〇〇人、多く見積もると六五〇〇人が死んだと推定されている。ある母親は五人の息子と娘を一度に埋葬した。五年後、この村の人口一万人に、孤児六〇〇人だったと伝えられている。

後にここを訪れた欧米の科学者は、使われたのはマスタードガス、ホスゲンガス、神経ガスと証言した。イラク政府は当然口をつぐんだ。ホメイニ革命後のイランから悪魔呼ばわりされた米国政府は、当時イラクのフセイン政権を「中東のホープ」とまで称していた。当然米国政府の歯切れは悪く、米国内の調査でもさまざまな論議を呼んだが、毒ガスが使われたのはほぼ間違いないと見られた。翌八九年に至って、米国務省人権局の報告は、この時のイラク政府の化学兵器使用を確認した。米国の二つの人権団体「人権のための医師団」(本部ボストン)、「人権監視」(本部ニューヨーク)は、使われたのは神経を麻痺させる神経ガスの一種サリンと皮膚や呼吸器に炎症を起こすマスタードガスの二種類と断定した（一九九三年四月二九日付、ワシントン発共同電）。

ハラブジャの毒ガスから一週間後、ＰＵＫの拠点だったスレイマニヤ南のクルド人村落、カラ・ダグが政府軍の化学兵器でやられた後、歩兵部隊に占領された。村の男たちはどこかへ連れ去られ、殺された。数百人の女性、子供も連れ去られ、痕跡は残っていない。四月中旬、この村の西方、キルクーク近くの村落でも同様に男女子供、数千人が連れ去られた。虐殺されたとみられる。老若男女の駆り集めには、反ＰＵＫや反ＫＤＰのクルド部族出身の政府の雇い兵が使われた。五月初旬、政府への抵抗の激しかったキルクーク北方の複数の村落で、数百人が化学兵器で殺され、三万人が連れ去られた。それから二、三カ月の間に同様のことが三回起きている。この一連の虐殺の犠牲者の数は不明である。

八八年三月、ハラブジャの毒ガスのすぐあと、イラン外相べラヤチは「クルド人五〇〇〇人が死亡、四〇〇〇人が負傷した」と国連事務総長あてに親書を送っている。六月には、ＰＵＫ党首タラバニが訪米し、イラク政府の毒ガス使用を米国政府に訴えた。米国政府は毒ガス使用に対する不快感は表明したが、それ以上のことはしなかった。同年八月二〇日にイラン・イラク戦争が終わったが、その五日後にイラク政府はまたクルド人に毒ガスを使った。このときは毒ガスに恐れおののいた数万人のクルド人がトルコへ逃げた。イラン・イラク戦争が終わっても、米国政府はイランとの対決を続け、イラク寄りの姿勢を保っていた。

国際社会はクルド人を見殺しにした。イラクKDP党首マスード・バルザニの国連への訴えで、国連安全保障理事会の決議六二〇号が化学兵器の使用を非難したのは、八月二六日になってからである。先進列国は、イラン・イラク両国（ともに平時は石油収入が豊富）の八年にわたる戦争の後の膨大な復興需要を当て込んでいた。

人権擁護団体「ミドル・イースト・ウォッチ」（本部ニューヨーク）がまとめた調査によると、イラン・イラク戦争終了の一九八八年前後、イラク軍が化学兵器と爆撃や、集団キャンプ収容所などで虐殺したクルド人の数は、最大限に見積もると二〇万人に達する（一九九三年六月二三日、英BBC放送）。またイラン・イラク戦争終了までの一〇年余りの間に、イラクでのクルド人の強制移住は一五〇万人、イラクからイランへ流入した難民二五万人、トルコへ六万人、という推定がある。

掃討作戦と強制移住

長かったイラン・イラク戦争が八八年に痛み分けに終わると、イラク政府は矛先を転じて大規模なクルド掃討作戦を展開した。兵員六万を動員、戦車、戦闘爆撃機、ヘリコプター、化学兵器を投入した。これを避けようと、トルコへ七―九万人、イランへも七〇〇〇人のクルド難民が流入した。掃討作戦は九月一〇日ごろ終わり、ＫＤＰの発表によると化学兵器による死者は四三〇〇人であった。イラク政府は毒ガス使用を否定、国連調査団の受け入れも拒否した。一九八九年四月下旬、イラク政府はイラン国境に接する北部辺境に住むクルド人多数（一説に五〇万人）に移住を命じた。クルド側の説明では、計約二〇万人が南部のシーア派アラブ人地域のバスラ地方やヨルダン国境に近い砂漠地帯へ追われたという。国営イラク通信は、六月二六日に「イラン及びトルコ国境沿いの長さ一二キロ、幅三キロにわたる地帯を無人化する計画を進めている」と事実上強制移住を認めた。その理由を、「イラン・イラク戦争で苦労した人々の福祉のための救済措置」「辺境地区の再開発の一環」と説明している。

第一四章　ＰＫＫ、トルコ政府と対決

左翼勢力の興隆とともに

「クルド労働者党」（ＰＫＫ）の活動については、本書の冒頭でふれたが、もう少し詳述しよう。トルコでは一九七〇年ごろから左右の対立が激しかった。左派はクルド側に立ち、右派はクルドを攻撃した。クルド人対トルコ人、イスラム教スンニ派対世俗主義者、農村部からの移住者・都市労働者対職人・商人階級、すべてが左右対立の形をとり、そのすべてにクルドがからんだ。一九七七年だけで、前衛を担った左派の学生に、弾圧による四〇〇人以上の死者が出た。七四年にスレイマン・デミレル首相は「トルコ国家の奪うべからざる（クルド）地域をトルコ化する必要がある」と公言していた。

治安当局は、左派を目の敵にした。一九七八年一二月、クルド地域カフラマンマラシュで騒乱が起きた。右派が左派を、トルコ人がクルド人を、双方のイスラム教スンニ派が同アレビ派を、都市部居住者が山岳地帯や農村部からの移住者を、襲った事件だった。死者一〇九人、負傷者一七六人、破壊家屋五〇〇。このとき最も犠牲者が多かったのは、スラムに住んでいたアレビ派クルド人であった。

これをきっかけに政府は、首都アンカラ、イスタンブール、クルド地域など一九県に戒厳令を布いた。不穏な情勢は続き、カフラマンマラシュの騒乱から一年足らずで、死者は四〇〇〇人近くに上った。国際人権連盟によると、一九八〇年からまる二年間にクルド人の逮捕者は八万一〇〇〇人に達した。このころトルコ軍全軍の三分の二がクルド地域に釘付けになっていた。

一九八〇年までの数年間、政治的な理由で命を失う左翼とクルド人は一日当たり八人という記録が残された。八一年に政治的な理由による殺害は四五六人、八二年は一二四人に減り、落ち着きを見せた。が、次の一〇年間は推定で計一万二〇〇〇人と跳ね上がった。これはおもにＰＫＫの武装活動によるものである。

部族長や豪商、資本家などの支配にあえぐクルド人労働者が、ＰＫＫ傘下に集まった。日当二ドルの貧しい農業労働者たちもＰＫＫの主張に賛同した。階級闘争と民族運動を結び付けたのが、ＰＫＫの活動であった。

一九八〇年に軍事クーデターで登場した第七代大統領ケナン・エブレンの政府は、一七九〇人のＰＫＫ容疑者を逮捕した。幹部は国境からシリアへ逃れた。一九九八年にＰＫＫ党首オジャランが、国際的な逃避行に出立するまで滞在していたのもシリアであったことは偶然ではない。シリアは常に隣国トルコの政情を攪乱《かくらん》させるクルドに好意的だった。さらにＰＫＫは、イラクのクルド民主党（ＫＤＰ）と連絡をとり、トルコ・イラク国境のイラク側に武装闘争の基地を設けた。当時、イラクとイランのクルド勢力が中央政府への強硬姿勢を強めていたが、トルコ政府はこの両国政府のクルド抑圧策に賛成していた。

ＰＫＫがゲリラ闘争を本格的に開始したのは党創立六年後の一九八四年であった。軍の兵士を待ち伏せ攻撃する戦法とともに、地主をも殺害した。トルコ軍は「太陽作戦」と名づけた掃討作戦で応戦、ヘリコプターを主体とした降下部隊を投入し殲滅《せんめつ》作戦に出たが、険しい山岳地帯の地勢に阻まれてうまくいかなかった。これが、九〇年代末までトルコ政府を苦悩に陥れた対ＰＫＫ作戦の始まりであった。

村落警備隊

政府は軍、警察だけでは足りず、クルド弾圧のために武装隣組とでも言うべき地元の「村落警備隊」を組織した。村落警備隊は、主に反ＰＫＫのクルド人部族から若者を募り、武装させた。つまり、クルド同士を戦わせたのである。開発のすすんでいないクルド地域の貧しい労働

PKKの戦闘員

者の賃金よりははるかに高給を払ったので、応募者は多かった。他に収入のあてのない青年が隊員となり、「治安維持」の補助要員として、戦闘や村落破壊や強制移住に活動した。村落警備隊は、PKKとの戦闘だけではなく、クルド部族間の憎しみと反目をあおった。このため、PKKは彼らを〝人民の敵〟と呼び、八七年から二年間、主として村落警備隊員とその家族、地主の家族の婦女子を狙って殺害した。村落警備隊員の数は、一九九三年ごろには三万五〇〇〇人、九六年には六万七〇〇〇人に達した。

トルコのアキレス腱

一九二三年の建国以来、「クルド」がトルコ政府の小指の痛みだったとすれば、九〇年代にそれはアキレス腱になった。(3) トルコ政府は、クルド人の八割が住む南東部に八〇年代後半から布いていた非常事態令の延長を繰り返し、イラク領内のPKK拠点の爆撃も辞さず、PKKに対して軍事的な抑圧行動に徹した。

PKKの武装闘争員は、昼は普通の村人と同じように暮らし、夜になると山地から武器を持って出撃してきた。村人は、そうしなければ殺すと闘争員に脅されて食事や休憩所を提供した。そうした村人を当局はゲリラの温床とみて強制的に移住させた、と消息筋は言う。

八四年ごろから本格化したPKKのゲリラ闘争に対して、政府軍は八七年夏、武装ヘリで六〇人を殺害、これに対してクルド側は戦線を都市近くにまで拡大し、ディヤルバクル付近の村落を攻撃、この年二〇〇人以上を殺害した。

八八年初め、西ドイツ（当時）の旅客機がイスタンブール南方の山岳地帯に墜落したときには、クルド側から犯行声明が出た。これとは別に、同年二月にトルコ軍事法廷はPKKメンバー二〇人に死刑、一三人に終身刑を言い渡した。

一九九〇年三月に一万人のクルド人のデモが起き、この月だけで死者は一〇〇人を超えた。九〇年代初めには、トルコの正規軍二〇万人がクルド地域に釘付けになった。九四年までに二〇〇〇以上の村落が破壊され、七万五〇〇〇人が家を失った。

九一年ごろPKKの党首オジャランは、「トルコからの分離が目的ではない、わが民（クルド）はトルコを必要とする」と語り、分離主義を否定し、同年末PKKの全政治犯の釈放を条件に休戦を提案するなど柔らかな姿勢を見せたが、闘争は続いた。

大統領オザルの融和策

一九八九年一〇月に就任した三〇年ぶりの文民出身の大統領オザルは、クルド問題を憂慮し、融和策を打ち出した。オザルは、クルド問題の政治解決を考え、柔軟な姿勢を示した初めての大統領であった。一九九一年二月には、日常生活でのクルド語使用（ただし放送、出版、教育は不可）を認める法律を用意した。しかし、軍部や一般国民の反対が強く、テロ防止法との抱き合わせでようやく認められた。同一二月にはいくつかのクルド語新聞が初めて登場したが、いずれも数カ月で発行を停止させられた。一方で政府は、イラクの大統領サダム・フセインの弾圧を逃れてイラク国境に殺到したイラクのクルド難民を国境から追い返したり、他方では、イラク領内に拠点を設けて攻撃してくるPKKへの協力を阻止するために、首都アンカラにイラクのKDP、PUKの連絡事務所を設置することを認めたりした。

一九九二年ごろ大統領オザルは、PKKゲリラの恩赦、PKKの合法政党としての承認すら提唱したが、首相デミレルら保守派は反対であった。一般世論もまたそれを受け入れるような雰囲気ではなかった。

一九九二年、クルドの正月にあたる三月二一日、クルド地域で治安当局によって、市民一〇〇人が殺された。クルド地域では、ペルシャのゾロアスター教（拝火教）から来た習慣により春の祝祭ヌールーズで新年が明けるが、クルド文化象徴のこの日に合わせて行われた虐殺は、クルド人の憤激を買った。

ＰＫＫに対して弱腰だとみられることを極端に嫌う軍部は、大統領オザルに強い圧力をかけて強硬策に出た。同年八月、ＰＫＫが活動しているとの未確認情報に基づいて、軍がシルナクの町を襲い、全住民二万人が逃げ出す事件が起きた。同じような事件はあちこちで起きる。九月末、イラク国境に近いトルコ軍基地をゲリラが攻撃した。ゲリラ側は対戦車ミサイル、重火器で攻撃、政府軍は武装ヘリ、戦闘機を繰り出し、戦闘は一二時間続いた。

この年、ＰＫＫは東南部各県で治安部隊の監視所や政府軍駐屯地へのロケット砲襲撃を繰り返した。軍は、ＰＫＫ軍事拠点のあるイラク領への越境空爆で応じた。こうした戦闘が一九九〇年代半ば過ぎまで断続的に頻発する。九二年一年間で年間死者は最高の二〇〇〇人に達した。当時、ＰＫＫの戦闘員は五〇〇〇人ぐらいと推定された。この年のトルコ軍の強圧策は、隣国イラクに出現した「クルド地域政府」のような事態がトルコに起きることへの強い懸念が引き金になっていたのである。

休戦提案と全面戦争

政府軍の攻勢に押されたＰＫＫは一九九三年三月一七日、党首オジャランがレバノンのベカー高原で記者会見し、トルコ政府が政治交渉に応じることを期待して、トルコ政府軍の攻撃がない限りと条件をつけたうえで「一方的休戦」を宣言した。三月二〇日過ぎからのクルドの正月に合わせたもので、停戦期間は二五日間とされた。このとき同党首は「トルコからの分離は考えていない」と強調した。クルドの民族主義運動は、自治、分離、連邦、独立のどれを目指すのか、そのときどきにニュアンスが違う。そして中央政府は、一歩譲れば次々に要求がエスカレートすることを恐れて、そのどれにも応じない。

ここでクルド人に対して融和策をとるオザル大統領が四月一七日に急死したのは、クルド人にとってまことに不幸なことだった。強硬派のデミレル首相が新大統領に就任するや（五月一六日）、軍は、ゲリラ、市民一〇〇人を殺害、数千人を逮捕し、家屋破壊を再開した。

これをきっかけにＰＫＫは、五月二四日に非武装のトルコ軍兵士の乗ったバスを襲撃し、兵士三三人、民間人二人を殺害。政府軍は大規模な掃討作戦による報復に出て、二週間あまりの間に約三〇〇人の死者が出た。トルコ軍の参謀長が「クルド地域の人口の一〇人に一人、つまり四〇万人がＰＫＫ支持者だ」と公式に認めたのもこのころである。

党首オジャランが六月八日再び、ベカー高原で記者会見し、トルコ政府との「全面戦争」を宣言した。「停戦は失敗だった。われわれは一万人以上を動員して、武力闘争に全力を挙げる。

政府はクルドの村を破壊した。われわれはこれに報復する」「トルコの経済、観光の拠点を標的に徹底的に戦う」と述べ、ＰＫＫの戦術は急転、逆戻りした。

テロ西欧に広がる

トルコ国内南東部での騒乱は、欧州に飛び火した。九三年六月二四日、ドイツ、フランス、スイス、デンマーク、スウェーデンの西欧五カ国二〇都市で、トルコ政府関係の建物に同時テロが行われた。

ミュンヘンでは、武装クルド人が人質二〇人をとってトルコ領事館に立て籠もり、「ＰＫＫ拠点への爆撃中止をトルコ政府に呼びかけるテレビ演説をするよう」に、コール独首相に要求した。ベルンでは、クルド人のデモがトルコ大使館に押し寄せ、大使館員が発砲、クルド人一人が死亡、六人が負傷。マルセイユでは、武装クルド人四人がトルコ領事館を占領した。ハンブルク、フランクフルト、デュッセルドルフ、エッセン、ケルン、ハノーバー、ストックホルム、コペンハーゲンでもトルコ政府系の銀行、旅行社、トルコ航空支店が襲われた。ドイツの都市が多いのは、クルド人口の多さを示す。デュッセルドルフを拠点とするＰＫＫの宣伝機関「クルドハ通信」は、この日のテロの目的を「ドイツ政府によるトルコへの軍事援助、トルコ軍のＰＫＫ拠点への爆撃、クルド人大量虐殺をやめさせること」と伝えた。

六月二七日には、地中海に面したトルコ南部の観光地アンタリヤで、ドイツ人観光客を標的にした爆弾テロで二三人が負傷した。さらに同地域で七月五日に英国人、オーストラリア人各一人、同二六日にフランス人観光客四人など、この前後にトルコの観光地で外国人一八人が誘拐された。

同年一一月、テロの第二波が西欧を襲った。同月四日、五カ国、三〇以上の都市でトルコの施設を狙った同時多発ゲリラ事件が発生した。この時も、ドイツの都市が最も被害が大きかった。ヴィースバーデンでトルコの旅行者やトルコ人経営のレストランに火炎瓶が投げ込まれ、焼死者が出た。シュツットガルトでトルコ領事館とトルコ航空事務所、デュッセルドルフでトルコ系銀行や旅行社が放火された。ロンドンでもトルコ航空の事務所に火炎瓶が投げ込まれた。ベルギーのブリュッセルでは欧州連合(EU)本部前にクルド人三〇人が座り込み、警官隊に排除された。このほか、トルコ系の施設が襲撃された都市は、スイスのベルン、バーゼル、チューリヒ、デンマークのコペンハーゲン、フランスのストラスブールなどに及んだ。

「ゲリラの傘をなくすため」の焦土作戦

トルコの大統領デミレルはゲリラ多発と同時に、PKKの犯行として強く非難し、「トルコがこうした攻撃に屈すると考える者は愚か者だ」と改めて弾圧を示唆した。次いで、対ゲリラ戦の特別訓練をした兵員一万人を配備したのをはじめ、翌九四年二月には、トルコ正規軍の三分の一、約一五万人の兵員を、クルド掃討作戦に投入した（一九九四年二月五日付、仏ル・モンド紙）。トルコ政府はこのために、青年の徴兵期間を一五カ月から二〇カ月に延ばした。

トルコ軍は「ゲリラの傘をなくすため」の焦土作戦を展開し、シリア、イラクの国境地帯で家屋破壊、焼却、住民の移住を強制した。前後二年間で二五〇〇の集落が居住不能になり、二〇〇万人が住むところを失ったとされる。トルコ政府の人権担当大臣さえも「テロは確かにPKKの仕業だが、住民を退去させ、集落を焼いているのは国家だ」と嘆いた。

トルコ政府が、国内で強硬策に出た一九九三年末のトルコ内務省発表では、一年間の死者は、年間記録として最悪の四一八〇人（PKK戦闘員一九四四人、一般市民一五一一人、政府軍・治安部隊七二五人）、一九八四年以来の死者は一万五〇〇〇人に達した。これはあくまで政府側の〝大本営発表〟である。例えば、同九月末のPKK戦闘員と政府治安部隊の衝突について、政府側は死者を「PKK一七七、政府側二九」と発表し、PKK側は「政府側四五三、PKK二〇」と反論しており、両者の発表の隔たりは常に大きい。この年、トルコ政府が軍事作戦に要した費用は推定八〇億ドルである。

新生トルコ共和国建国の英雄、初代大統領ケマル・アタチュルク自身が軍の出身であったし、そのケマル主義の原則の維持者たちの中心は、アタチュルク亡き後も常に軍部であった。第二次大戦後に多党制による議会制が導入されてからも、軍は常にトルコの政治の中核であり、クルド問題でも実質上の政策策定者は軍事権力の中枢にある「国家安全保障会議」であった。同会議は、一九六〇年の軍による最初の政治介入の翌年制定された憲法第一一条で、憲法上の確固たる立場を得ていた。八〇年代から九〇年代にかけてPKKの武装闘争に対して政治解決ではなく、軍が真っ正面から力で立ち向かったのは当然であった。

一九二五年のシャイフ・サイードの蜂起から三八年まで、トルコ軍の出動一八回のうちただ一回を除いてあとはすべてクルド地域であった。第二次大戦後も、朝鮮戦争（一九五〇―五三年）とキプロス紛争（一九七四年）、湾岸戦争（一九九一年）の対外作戦を除いて、同様である。民主政治の形が整ってから、トルコの軍部は、一九六〇、七一、八〇年の三回軍事クーデターで政権を握った。三回ともそれぞれ、その性格も動機も別々であるが、おもな要因とはいえないまでも、多かれ少なかれクルド問題がからんでいた。

五〇年代には、「民主党」が東部諸州でクルドの部族長や有力者を集票に使っていたのが、軍ににらまれる事件があった。六〇年代には左翼がクルド人の文化と経済上の権利を擁護したことが、クーデターに作用した。七一年の軍事政権は直ちに、クルド地域の主要都市に戒厳令を布いた。

七三年に文民政権が復活し、翌年恩赦が実施されると、再び左派とクルド運動が手を携えて復活した。七〇年代末にはクルドの民族団体が名乗りをあげ、急進的な要求を掲げ始めていた。

先にもふれたが八〇年の軍事クーデターで登場した大統領ケナン・エブレンは、台頭しつつあったPKKのメンバーをはじめ、左翼、右翼の過激派を片端から逮捕し、その数一七九〇人にのぼった。このときは、戒厳令の下で、軍事作戦、大量逮捕、拷問、軍事法廷での判決が続いた。クルドに理解を示す既存の政党はすべて解散させられた。

こうした政治状況の中で、PKKは支持者を増やし、過激化し、武装闘争に歩を進めることになったのだ。

第一五章　トルコでの弾圧

ＫＤＰＴの活動

トルコのクルド人は、少数派としての存在を公認されず、民族としての発言を公式には許されなかったが、政治的には一九六〇年代から声を上げ始めた。当初は過激ではなく、穏やかに政治ゲームに参加したにすぎない。一九九〇年代には、ＰＫＫの武装活動に押し上げられるように、クルド問題で発言する政党が続出した。しかし、政党には解散命令が相次ぎ、さらに言論、法律家へと抑圧はとどまるところを知らず、行政、軍、司法が一体となったクルド弾圧は、トルコ東部クルド地域の市民社会を荒廃させ、破壊してきた。

法を犯して最初にクルドを名乗った政党は、一九六五年結成の非合法政党「トルコ・クルド民主党」（ＫＤＰＴ）であった。同党はクルド知識人が中心となり、イラクにおけるムラー・ムスタファ・バルザニの武装活動の成功に触発されて立ち上がった。バルザニへの補給線を組織したり、「東部」出身者の集会を開いたり、クルド人の文化的権利や経済開発を主張した。だが、創設者で、書記長をつとめたクルドの名門部族の長は六六年に暗殺され、その後を継いだ書記長は七一年の左派の分派争いで処刑された。

合法政党「トルコ労働者党」（ＰＫＫとは無関係）にはクルド人の支持者も多く、六五年には同党の国会議員候補者一五人のうち四人がクルド人で、その中から一人が当選を果たした。六七年には、ディヤルバクルなど数カ所で、政党や学生団体所属のクルド人が数万の規模で集会を開き、抑圧に抗議し、クルド人の権利を要求した。これは、クルド人の近代的な大衆の政治行動としては初めてのものであった。六九年に結成された文化団体「革命的東部文化炉端」はその名のとおり政治団体ではなかったが、トルコ東部、つまりクルド地域に焦点をあてた。それが理由で七〇年に団員が逮捕、投獄され、団体そのものが潰された。

左翼政党「トルコ・マルクス主義労働者党」は七〇年に、東部トルコの経済開発の遅れは反クルド政策に原因がある、と指摘したのが理由で非合法化された。

地下政党「トルコ・クルド社会党」（ＴＰＳＫ）は七四年に、イラクのＫＤＰの影響を受けて設立された。同党は「（現状では）クルド地域はトルコ国家の植民地だ。連邦制で解決しなければならない」との視点でＰＫＫと共通した。ただし、暴力の使用には反対し、ＰＫＫと一線を画した。

合法政党の「社会民主人民党」（ＳＨＰ）は八六年、「南東部全域が集団収容所になっており、すべての市民が容疑者として扱われ、抑圧、拷問、法への侮辱が行われている」と政府を非難したことがある。慎重に、「クルド」にもＰＫＫにも言及しなかったが、そのＳＨＰ自体が八八年、事態を憂慮する発言をしたクルド人党員を除名し、議会でクルド問題を質問した党議員の資格を停止した。しかしそのいっぽうで八九年末には、パリで開かれたクルド問題の会議に出席した七人のＳＨＰ国会議員が追放された。

相次ぐ解散命令

一九九〇年代に入ると、九〇年六月に「クルド人民労働者党」（ＨＥＰ）が旗揚げし、翌年一〇月の選挙で議席を得た。同党は、折からのＰＫＫの活動について「クルド問題をテロだと片付けてはならぬ。彼らはテロリストではない」と政治解決を主張し、軍事解決を批判するとともに、クルド地域に布かれた国家緊急事態令の中止、クルド語による教育、出版、テレビ・ラジオ放送、集会、結社の自由を公式に求めた。だが、九三年七月、「これは分離主義だ。憲法と政党法に違反する」との憲法裁判所の判断により、同党は解散を命ぜられ、短命に終わった。憲法政党法は「トルコ国内に民族、宗教、文化、言語の違う少数派が存在すると声明してはならない」と定めている。ＨＥＰ解散時までに四八人の党関係者や支持者が殺害された、との数字が残っている。

九三年五月には、「民主党」（ＤＥＰ）が設立され、ＨＥＰの残党も合流した。ＤＥＰは、やはりクルド問題の政治解決を主張し、ＰＫＫを政治組織と認めるよう説いた。「政府は自国民に暴力をふるっている」と、ＰＫＫへの軍事弾圧を非難し、「ＰＫＫを含まぬ政治解決はない」、「トルコ政府は欧州安保協力機構に対しても、少数派の権利を約束しているではないか。クルド人はそれを主張しているにすぎない」と政府に迫った。

これに対して政府やメディアは、ＤＥＰをＰＫＫの手先だと批判、間もなく弾圧に乗り出した。九四年一月に地方支部が軍の砲撃を受け、六人が逮捕され、首都アンカラの党事務所が爆弾でやられ、さらに地方支部が襲撃された。これで同党は政党として地方選挙から離脱する。三月には、国会がＤＥＰ議員六人を「分離主義者」と名指しして、不逮捕特権を取り消したうえで逮捕した。

このころ鉄道駅での爆発事件で、軍の士官候補生を含む五人が殺害される事件が起こり、ＤＥＰの一議員が「クルドの政府に対する戦いで、軍は適切な攻撃目標だ」と性格づけした。これをとらえて首相タンス・チルレルは「議会の屋根の下にＰＫＫが避難所を持っている。この事態を処理するときが来た。血で汚れた手を持つ人たちが不逮捕特権を楯に議会で守られているのなら、これは民主主義とは無縁である」と断じた。

次いで六月になると、憲法裁判所がＤＥＰを分離主義者と決めつけ、党の解散を命令、一三人の議員の資格を停止した。その直前に議員二人が逮捕され、六人が欧州へ亡命した。このときの弾圧で欧州に逃れたＤＥＰ議員が中心になって、翌九五年四月に在欧州クルド亡命議会（ＫＥＰ）が設立された。オランダのハーグで開かれた第一回会合には政治家、ジャーナリスト、青年代表、宗教関係者（特にアレビ派）など議員六五人が選出されたが、やはり最も多かったのはＰＫＫのメンバーであった。

レイラ・ザーナ、「命の終わるまで」

九四年末には、元国会議員八人（うち七人がＤＥＰ）がＰＫＫ支持者だとの理由で逮捕され、二人が三年半、一人が七年半、五人が一五年の禁固刑を言い渡された。
このとき禁固一五年の判決を受けたクルド人の元議員レイラ・ザーナ女史は、国家安全保障法廷の最終弁論で、「私は本法廷が私を告発したすべての件に異議を唱える。私の考え方はすべての人が知っている。われわれは民主主義の枠組みの中で、人権のために、同胞のために戦っているのだ。われわれは命の終わるまで戦い続けるだろう」と、凛然《りんぜん》と胸を張った。[7]
ＤＥＰとその議員の議会からの追放について、ＰＫＫは「政府は政治解決をするつもりはな

法廷に立つレイラ・ザーナ元議員

い」と断言し、クルド人の闘争心を燃え上がらせた。

HEPとDEPは、政府とPKKの間の仲介者になろうとしたものの、暴力は否定してPKKとは一線を画したが、自らのアイデンティティに欠けるところがあった。さらには、クルド人がまとまった発言をする機会をもつことに賛成しない既成階級、特に軍部とメディアの集中砲火の標的となって潰れたのである。

イスラム主義の福祉党

一九九五年一二月の総選挙で、イスラム主義政党「福祉党」(WP)が得票率二一・四パーセント、一五八議席を獲得して第一党に躍り出た。多数の小党が乱立するトルコ政界で単独政権にはならなかったが、翌九六年、正義党との連立により、近代トルコ七〇年の史上初めて、イスラム主義政党主導の首相エルバカンの政権が成立した。WPは、政教分離のケマル体制に正面から反対し、イスラム教を基調とする唯一の政党であった。HEPやDEPのようなクルド民族主義を標榜《ひょうぼう》はしなかったが、党員、支持者にはクルド民族主義者がたくさん集まっていた。クルド人は、政治的発言を封じられる中で、WPの勝利がクルドの状況の変化をもたらすであろうと期待したのである。

WPは七〇年代末からトルコ南東部クルド地域で、地方選挙を中心に票を伸ばしていた。イスラム政党であるとともにクルド民族解放運動と共存する地方政党だったと言ってよい。ケマル体制擁護の軍部からは敵視されていたが、野党として存在する限りは、国家からも容認され、クルド地域で歓迎された。トルコ人とクルド人のイスラム上の連帯を強調する党是により、政界での存在を許されていた。そのWPが、HEPやDEPが解散させられた後にクルド票を集めるのに成功したのである。

しかし、トルコの国家体制は、政権党WPを許さなかった。九七年三月に、国家安全保障会議（つまり軍部）がWPのイスラム主義を敵視して政教分離を求めるとともに、最高検察庁がWP非合法化を提訴、六月にはエルバカン政権はあえなく崩壊する。翌九八年一月、憲法裁判所が解散命令を出し、翌月にWPは解党、非合法化に追い込まれた。加えて、エルバカン前首相ら六人の国会議員が五年間の政治活動の禁止を言い渡された。

新聞発行者に禁固九九〇年

言論への弾圧も熾烈を極めた。新聞、テレビ・ラジオの報道、学術出版はもちろん、外国人ジャーナリストの取材にも厳しい制限がつけられた。クルド人所有の新聞「自由議題」（トルコ語で発行）の運命は次のようなものであった。

同紙はかねてからトルコの政治体制に一貫して批判的であったが、主としてクルド人とかクルド地域という言葉を使ったとの理由で、一九九二年ごろから押収、襲撃、放火、殺害にさらされた。

まず販売会社が追い詰められ、ボランティアの手で配達を続けたが、少なくとも一四人の販売関係者、売り子、配達の少年少女が殺された。追い詰められた同紙は九三年一月休刊し、次いで四月に同じクルド人発行の「新国家」紙と合併して再刊したが、年末までの一九八日間に一三四日分の紙面が政府に押収された。反テロ法に基づいて、一七〇件の刑事告発を受け、社主ヤセル・カヤは、一六兆トルコ・リラにものぼる天文学的数字の罰金と三〇〇年から九九〇年の禁固刑を受けた。発行者と編集責任者に科された処罰は罰金八六億トルコ・リラ、一五五年から四九三年の禁固刑に達した。

九三年の一年間に、同紙の記者六人が殺され、ほかに身柄拘束、逮捕、拷問、襲撃は数え切れなかった。同年一二月一〇日には全国で同新聞社の施設が占拠され、一〇〇人の従業員が逮捕、処罰された。そして、九四年四月に最高裁命令で廃刊させられた。なおも「新国家」紙の名で実質的な発行を継続したが、同年末イスタンブールとアンカラの支局が爆弾で襲われ、一人死亡、二〇人負傷、ついに九五年二月最終的に息の根を止められた。

八〇年代から九〇年代にかけて、トルコで殺害されたジャーナリストは計約三〇〇人と推定されており、その大半がクルド人であった。

法律家、人権活動家も

言論と並んで、法律家も対象とされた。九三年一一月から一二月にかけて、ディヤルバクルで一六人の弁護士がテロに参加した政治犯として逮捕された。「ＰＫＫのメンバーだ」「収監中のメンバーに物を渡した」「分離主義者だ」「欧州の人権組織にメッセージを送った」などの容疑であった。九一年から九三年にかけて、トルコ人権協会（ＩＨＤ）の幹部少なくとも四人が殺害された、と同協会は報告している。九五年二月には、「ＰＫＫのメンバーである」「分離主義者の宣伝をしている」「三年前のＩＨＤ報告がＰＫＫ寄りだ」などの理由で、ＩＨＤの弁護士七人が裁判にかけられた。結局、ＩＨＤの事務所は全国で閉鎖に追いやられた。九三年一月の国連の反拷問委員会報告は「トルコでは系統的、習慣的、広範囲に拷問が行われている」と述べている。

手紙で禁固一〇年

高名な社会学者イスマイル・ベシクシは、一九六〇年代にクルド社会についての研究書を書いた。それはクルド抑圧についてのトルコで初めての著作であった。同氏は八〇年にスイス著述家協会にあてて次のような手紙を出した。(7)

トルコの公式イデオロギーは一貫して執拗に、「クルドという人々、クルドという言語は存在しない」と主張し続けている。われわれが一口にケマル主義と呼ぶこのイデオロギーの第一の側面は、臆面もない反クルド主義である。人種差別主義であり、植民地主義である。自治を唱える大学、独立を唱える司法、自由を唱えるメディア、民主的だとされる機関、そのすべてがなんの議論もなしにこのイデオロギーを受け入れている。これらの組織は徐々に、虚偽に基づいたイデオロギーの作り手、宣伝者になっている。

これが軍事検察官に告訴され、同氏は逮捕された。

罪名は「国家の支配力と権威をおとしめる態様で、外国において意見を公表した」こと。弁護側は「著述家が同業者にあてた手紙、彼が表現する見解が、国家の権威をおとしめることはありえない。国家の権威をおとしめるのはこの手紙を裁判の対象とすること自体だ。これがまさに民主主義社会の考え方に反する」と主張した。同氏は「私は自分を有罪だと考えたことはない。私の考えでは、国家は、科学的な思想、科学的な知識、この時代に普遍的に認められる価値を裁判にかけているのだ」と法廷で陳述した。

結果は禁固一〇年、(公職) 追放五年。

判決は「彼らがトルコ人であることは疑いようがないにもかかわらず、あたかも彼らが別の独立したクルド人という人種グループに属するかのように、外国勢力が長期にわたってクルド人の独立国家樹立を目的とする隠密かつ破壊的な活動に従事しているがゆえに……(中略)……誠意と誠実さに欠ける被告人の弁護を拒絶することが必要であり……」と述べた。(7)

「私はクルド人」で禁固刑

「市長に立候補したとき、私は前の市長を批判した。私はそれをクルド語でしゃべった。前の市長もクルド人だったが、私はクルド人であることをはっきり名乗った初めての候補者であった。当選して五日目、地方当局は私を辞任させようとして二八日間のパン屋のストライキを組織したり、ごみ収集のトラックをストップさせたりした。三年間市長をつとめたが、一九八〇年九月の軍事クーデターで、私は、国家統一に反対する分離主義者で非合法組織のメンバーだという理由で逮捕された。私が刑務所にいる間に、何人かのクルド人が裁判所でクルド語で証言するようになった。ＰＫＫのグループがクルド語で話して殴られていた。翌日、私は自分の裁判でクルド語をしゃべったら、殴られ、法廷からほうり出された。みんながクルド語でしゃべり始めたが、当局は通訳は連れて来なかった。彼らは私を一九八七年から九一年まで殴り続けた。しかし私は一言もトルコ語でしゃべらなかった(7)」

これは、ディヤルバクルの元市長、共産主義者メーディ・ザーナの言葉である。初代大統領ムスタファ・ケマルは共和国宣言の翌一九二四年三月、早くも法廷、学校教育を含む公の場でのクルド語禁止を打ち出した。むろん出版もご法度である。以後、欧州で印刷されたクルド語出版物が細々と密輸入された。だが、事実としてはクルド地域の村落では日常語としてクルド語が使われ続けた。自治とか、分離とか独立とは言わないが、せめて母語としてのクルド語を使わせてほしい、というのがトルコのクルド人の願いであった。

六〇年代に、ある知識人は「東部」（クルド地域を指す）の問題に焦点をあてた新聞などを刊行し、その中でほんの数行クルド語を使うといった苦心をしたが、刊行物はただちに禁止された。七〇年代には禁を犯して、クルド語で歌を歌った大衆歌手がその大胆さでクルド人の喝采を博したことがあった。

一九八一年、前年までエジェビット内閣の公共事業相を務めたセラフェッティン・エルチは、「国家感情を害した」罪で軍事法廷から禁固二年三カ月の判決を受けている。同氏は新聞のインタビューで「私はクルド人。トルコにクルド人は存在する」と答えたことが罪とされた。八〇年にクーデターで政権を握った軍部は、このときまでに「分離主義」、つまりクルド民族主義の咎《とが》ですでに二二八〇人を逮捕していた。同氏はのちに、「私は、政府はクルドは存在しないというが、それは真実ではないと言ったにすぎない。私の提案はクルド語使用禁止の撤廃、国営メディアでのクルド語使用、クルド人のクルド語による教育などごく自然な権利であり、穏やかなものだった」と語っている(7)。

これらに対して一九八三年に軍事政権が改めてクルド語の使用を禁止する法をつくり、クルド民謡ですらトルコ語で歌うことを強制した。

また一九九一年、「クルド人民労働者党」(HEP)の新人議員二一人が、議会での就任宣誓の最終句にクルド語で二、三言付け加えたために「トルコ国家からの分離主義者」だと、マスメディアや世論から袋だたきにされた。母語へのやむにやまれぬ真情吐露であったか、単なるパフォーマンスであったかはわからないが、クルド語に対する弾圧は今も消えていない。

第一六章　国際関係のはざまで

三国ともクルド自治に反対

イラク北部に「クルド地域政府」ができて一年余り後、一九九三年八月二三日にシリアのダマスカスで、トルコ、シリア、イランの三国外相会議が開かれた。同会議で三国とも、クルド地域政府が独立の色彩を強めてイラクが分断されることには反対の姿勢で一致した。国境付近のクルド人武装勢力の抑圧、あるいは利用について各国それぞれの思惑を抱えながらも、やはりトルコとイランは、この地域政府の存在が自国内のクルド人に波及してくることには警戒心が強かった。

九四年八月にやはりダマスカスで、九五年九月にはテヘランで、三国外相会議は相次いで開かれ、いずれもイラクのクルド人の分離、独立には反対の姿勢を確認しあった。

トルコとシリア

シリアは九三年の外相会議では、一九三九年に西欧列強の肩入れでトルコに編入された元シリア領のハタヤ州への関心を見せ、トルコを牽制《けんせい》した。この地域の国家関係の根の深さを示すものでもあろう。これに対してトルコは、焦点のクルド問題で、シリアがＰＫＫの活動拠点と党首オジャランの隠れ家を提供していることに触れ、「これをはっきりさせよ」と詰め寄り、次いで、これをユーフラテス川の水利問題と絡ませて主張した。

トルコの巨大開発計画「南東部アナトリア・プロジェクト」の大型ダム建設で、ユーフラテス川下流のシリアの水量が減ることに、シリアは神経をとがらせていた。そうでなくとも、もともとシリアにとって北隣の大国トルコは煙たい存在であり、ＰＫＫ支援はそれゆえの外交の切り札でもあった。それでもシリアはＰＫＫ支援を続けたため、トルコは九五年になると、ＰＫＫ支援をやめれば、毎秒五億立方メートルの流水量を保証すると柔らかに出た。

他方で、トルコは九六年二月、軍参謀次長がイスラエルを訪問、イスラエル空軍機にトルコ領空を開放し、かわりにトルコ空軍パイロットをイスラエルで訓練する軍事協力協定を結んだ。これは、トルコとイスラエルにはさまれて位置し、中東和平の最終段階でイスラエルと険しい関係にあるシリアを強く牽制した。

一九九八年一〇月、ＰＫＫ制圧に苦しみ抜いたトルコの大統領デミレルは、改めてシリアのＰＫＫ支援を非難した。軍事力の行使も辞さないと威嚇し、実際に国境に軍を集結し、トルコ国会も警告決議を採択した。次いで両国間で行われた交渉で、シリアはトルコに屈し、自国内でのＰＫＫの活動禁止、党首オジャランのシリア滞在を禁止することに合意した。ここで党首オジャランはシリアからあぶり出される形で、欧州、アフリカへと逃避行に追い込まれ、ナイロビで身柄拘束され、逮捕、死刑判決と事態は展開したのである。

トルコとイラン

トルコとイランの間では九〇年代半ば、トルコのＰＫＫがイラン領内に出撃拠点をもって活動しているのを防ぐために、イラン政府がトルコ政府に協力した。九三年末には両国間の安全保障議定書で「両国はテロ組織（ＰＫＫのこと）がその領土内に存在することを許さない」と決めた。これにしたがって九五年五月、イラン側は、イラン領からＰＫＫメンバー八人と、一〇人の遺体をトルコに引き渡した。トルコ側は、翌月イラン領内のＰＫＫ拠点をトルコ空軍が爆撃する許可をイランに求めた。

さらに、両国は、①ＰＫＫメンバーが北部イラクから、アルメニア、ロシアへ行くのにイランを通過するのを防ぐ、②イラン領内のＰＫＫ拠点に対するトルコ空軍の爆撃を許す、などを内容とする協定を結んだ。このあと、デミレルが、トルコ大統領としては数十年ぶりにテヘランを訪問し、イランの大統領ラフサンジャニと会談するなど、クルド問題は両国の親密さを醸成した。この訪問中に本国トルコでは、外相チェティン（クルド人であったといわれる）が、クルド問題への姿勢が柔らかすぎるとの批判を浴びて辞任に追い込まれていた。

トルコとイラク

一方イラクでは、大統領サダム・フセインの中央政府は米主導軍傘下にある「クルド地域政府」に手が出せないし、国連の経済制裁に縛られて音無しの構えである。トルコ国境は地域政府のKDP、イラン国境は同PUKの縄張りである。そこでは、国境の物資の流れを通じて、クルド人の日常経済を、KDPがトルコ政府に、PUKがイラン政府に依存するという奇妙な図式が成立した。トルコのPKKは、同胞のイラクのKDPを「トルコ政府の傀儡」とののしっていた。そしてPKKは、KDPとPUKの反目の隙をついてイラク北部に拠点と出撃基地を設けていた。

この状況の中で、トルコ軍は一九九〇年代を通じて、PKKを叩くために北部イラクへの侵入、越境を繰り返した。これにはイラクのKDPの協力があった。イラク政府はトルコ軍が越境するたびに、イラクの主権が侵害された、とトルコに抗議している。九二年の越境は大規模で、戦車隊や空軍の兵員三万五〇〇〇人を動員、長さ二五〇キロ、幅三〇―五〇キロにわたって展開した。

トルコ軍の越境は続いたが、九八年には越境によるPKK掃討作戦が特に激しかった。同年二月に七〇〇〇人の部隊を越境させ、四月には、党首オジャランに次ぐPKKナンバー2の幹部セムディン・サキクらを捕まえることに成功した。さらに一〇月には、イラク北部を、長さ約三五〇キロ、幅五―一〇キロにわたって占領し、事実上の緩衝地帯を設置した。ここは、オスマン・トルコ崩壊のときに両国が領有をめぐって争った地域でもある。

中央アジアでのトルコの位置

ソ連の崩壊で独立国家共同体の一員として独立国となった中央アジアのトルクメニスタン、ウズベキスタン、カザフスタン、キルギスの諸国は、民族、言語のうえでトルコ系である。これ以外の地域も含めて言語だけからいえば、トルコ語系は中央アジアを中心に二億人と推定される。これらの国は二〇世紀の大半の期間、社会主義ソ連の支配下にはあったが、歴史的に見ればトルコを範とする傾向が強い。トルコは、ソ連崩壊後のこの地域で、特に経済面での影響力をイランと競っている。

これらカスピ海周辺の諸国は、一九九〇年代に中東に次ぐ有望な石油産地として注目された。

米国や西欧が、世界的な石油戦略のうえで注目し、開発にも手を染めている。カスピ海付近の石油は、輸送パイプが旧ソ連のグルジア経由でトルコの地中海の港に達し、積み出される予定だ。クルド地域またはその付近をパイプが通ること、あるいは避けて通ることも含めて、パイプラインの建設、維持にはトルコの協力は不可欠である。この地域に対するトルコの影響力を考えると、米国、西欧、そしてロシアまでもが、ビジネス・パートナーとしてのトルコを重視せざるを得ない。

米国の思惑

湾岸戦争で米国のブッシュ政権は、侵略者イラクをクウェートから追い返しただけで、サダム・フセイン政権を深追いしなかった。これには米国の内外から「何故だ」の疑問の声が沸き上がったが、米国はサダム・フセイン政権を壊滅させたら、その後に極度の混乱が予想され、そのイラクの舵取《かじとり》をする厄介さと責任を負うのを避けたと言うべきだろう。米軍にもっと大きな損害が出るのを、国内世論が許さなかったこともある。だが、戦後、米国は国連を動かして石油禁輸や兵器査察などで外側からイラクを締めつけた。さらに、イラク上空にイラク機の飛行禁止ゾーンを設定し、その保護下で、サダム・フセイン政権のいやがる「クルド地域政府」の樹立を実現させ、ゆさぶりをかけた。だからこそ米国は一九九〇年代末まで、同地域政府の中心でありながら抗争、反目を繰り返すイラクKDPのマスード・バルザニとPUKのジャラル・タラバニとの仲介の労を、再三にわたってとったのである。

米国の人権外交、民主主義の建前からすれば、トルコ政府の長年にわたるPKK弾圧は許しがたいはずだが、米国はこれに目をつぶってきた。トルコは、米国にとって重要な国である。一九五二年にトルコが北大西洋条約機構（NATO）に加盟して以来、旧ソ連の〝柔らかい下腹〟に位置するトルコの地勢上の存在は、東西冷戦の長い時代を通じて米国にとって、はかり知れない価値があった。トルコが米国から受けている援助額は、イスラエル、エジプトについで世界で三番目である。特に軍事費が大きく、トルコ軍の武器の八割は米国製である。湾岸戦争では、トルコは米主導軍に参加したし、同軍がイラク上空監視のために飛ばす空軍機のためにトルコ南部のインジルリク空軍基地を提供している。そして何よりも、中東イスラム圏で、政教分離と近代民主政治の形が一応整っている数少ない国である。九〇年代に一段と激しさを増したイスラム原理主義への防波堤、あるいは緩衝地帯としてのトルコの役割は今後も米国にとっては重要である。

西欧諸国の論調

一九九二年、欧州共同体（EC）は、トルコ政府のクルド人弾圧を人権無視だと非難した。

クルド問題に一定の理解を示してきた欧州各国の政府や民間団体も、九三年の西欧各都市でのクルド人の同時多発テロで、トルコ政府への非難を強めた。それと同時にフランス、ドイツの政府は、国内のPKKやその関係組織を非合法化した。スイス政府が事情聴取のために駐スイスのトルコ大使の外交特権解除を要求したのに対して、トルコ政府は反発し、報復として、駐トルコのスイス外交官三人を追放した。

クルド亡命議会（KEP）の設立第一回会議は、一九九五年四月一二日、オランダのハーグで開かれた。トルコ政府は在オランダ大使を引き上げて抗議し、オランダからの武器購入をストップして、オランダ政府に圧力をかけた。KEPはその後も、オーストリア、ベルギー、イタリアで開催された。西欧各国のうちオランダをはじめ中堅の国は、トルコ政府のクルド抑圧について人権擁護の側面から正論を掲げて批判する。英国、ドイツ、フランスなど欧州の主要国は、自国領土内でのクルド解放運動のテロ行為には厳しく対処するが、政治運動としての「クルド」には寛容である。またトルコとの経済関係を慮《おもんぱか》ってそれほど真っ正面からは非難しない。

フランスとトルコの関係はクルドをめぐって微妙だった時期がある。一九九二年初め、当時の仏大統領ミッテランがトルコを訪問した。この訪問は仏大統領としては実に四半世紀ぶりだったが、トルコ政府は冷たかった。一説にミッテラン夫人が親クルドの活動家だったからだという。またフランスは有権者の中に三〇万人のアルメニア系を抱えている。フランスの政治家はアルメニア人票への配慮が欠かせない。アルメニア人は、二〇世紀初めのトルコによるアルメニア人大量虐殺の恨みを忘れず、今でも欧州でトルコ人に対してテロを続けている。トルコ側はそこを考えたのだという指摘もある。そこで九二年に仏当局は、資金作りに不正があったという理由でPKKのメンバー二人を国内で逮捕し、トルコ政府をなだめた。

膨大なクルド人口を擁するドイツとなると、トルコとの関係は複雑さを増す。ドイツ当局は、一九九〇年代初めにPKKの活動をテロ行為だ、と公式に断じた。九二年三月、PKK抑圧のためにドイツ製装甲人員輸送車が使われているとの理由で、ドイツ政府は対トルコ武器輸出を禁止した。ところが、禁を破って戦車一五台が輸出されたことが発覚、ドイツ国防相が辞任に追い込まれる事件があった。九三年九月には、トルコ首相チルレルが訪独して、ドイツ当局にPKK取締りを要請した。九五年四月、トルコ軍のイラク侵入に抗議するクルド人二万人のデモが、デュッセルドルフで吹き荒れ、ドイツ当局は手を焼いた。

英国は最も柔軟である。居住地で声を圧殺されているクルド人向けのクルド語衛星放送「MED―TV」は、ロンドンの本部から電波が出ている。この放送は、一九九五年に、在欧クルド人の実業家やクルド文化団体の資金で開始された。毎日一八時間放送されていて、欧州のみならずトルコをはじめとするクルド地域でも聴視できるので、クルド人の宣伝手段として国境を越えて広く貢献し、トルコ国内のクルド人の情報網としても大きな役割を果たし始めている。九九年一月にはPKKの党首オジャラン自らも出演した。翌月のオジャラン逮捕の際には、全クルド人に抗議行動を呼びかけたのも同放送であった。

出版物だけではなく、今やクルド語の映画も欧州で製作され、クルド地域でもビデオで見ることができる。

トルコ悲願のEU加盟

トルコはその国土の大半がアジアの西端にあるが、最大の貿易相手は欧州連合（EU）であり、政府と大半の一般国民は欧州の一員に加わるのが悲願である。北大西洋条約機構（NATO）への貢献を踏まえて欧州共同体（EC）の準加盟国ではあったが、一九八七年に正式加盟を申請した。九五年一二月、第一段階として欧州関税同盟への加盟はやっと認められた。だが、二一世紀初頭の現在、EU側はいまだにEU本体への加盟を渋っている。

EUと重なる欧州安保協力機構（OSCE）は、「唯一の政治体制として民主主義を築き、強化し、人権と基本的自由を保障する」ことを目的に掲げており、トルコはこれに反している、との批判が西欧諸国には根強いからである。その中心にあるのがクルド抑圧である。PKK党首オジャランはこの点を衝いて、一九九四年一二月に、ハンガリーのブダペストで開かれたO

ＳＣＥ首脳会議の英、独、仏、米の首脳にあてて書面を出し、トルコ政府とＰＫＫ間の国際管理下での交渉を訴えた。翌九五年には米国大統領クリントンにも同じ要請をした。トルコ政府はこれを謀略と断じ、むろん拒絶した。

トルコのＥＵ加盟には、経済上の基準に合格が必要なうえに、クルド人に対する軍事抑圧が人権問題として大きなネックになっている。一九九七年、ＥＵはトルコの加盟を受け入れない理由のひとつに、はっきりとトルコの人権無視をあげた。「クルド」についてトルコ政府が最も苦しんでいるのがこの点である。なんとか西欧基準の民主主義の形を整えて、西欧の批判をかわし、ＥＵ加盟にこぎつけたいのである。

第一七章　〝祖国〟建設への展望

なぜ成功しなかったか

クルド人は「祖国なき最大の民」と言われるが、もともとクルド民族解放運動は、クルド人の統一された祖国を建設しようというはっきりした狙いをもつ運動ではなかった。オスマン・トルコ帝国の崩壊にともなって誕生したトルコ、イラク、それと同じ時期に国家の体裁を整えたイラン。クルド人の居住地は、西欧モデルのこの三つの国民国家 nation state に分断された。そして、いずれの国でも少数派として、その存在を無視あるいは軽視されてきた。運動は、住んでいる国の中央政府への反逆、抵抗の形をとってきた。掲げた目標は、それぞれの国内での自治、あるいは分離、連邦であり、独立ではなかった。遠い将来は別として、独立は政治的にも経済的にも難しいだろう。

クルド問題が、二〇世紀末に湾岸戦争やトルコ国内の治安問題として突然浮かび上がったわけではないことは、本論で述べてきたとおりである。世界的な注目を集める度合いが低かったのは、あるいは激しい闘争に比較して十分な成果が得られたかどうか疑問があるのには、多くの理由がある。

おもな居住地が内陸部の山岳地帯やその近くにあり、外部との人的交流や情報の交換に限界があり、実情が外部に伝わりにくかった。同じ理由で開化に遅れがあり、経済力も低かった。どの国の政府も、クルド人の動きが国内外に知られないように腐心してきたせいもある。

その要因を大別すると、第一に、クルド人のレベルでは、①二〇世紀半ば過ぎまで、部族が細かく分かれ、一つの民族としての意識の集約が困難だった、②リーダーでさえも、民族の大同団結をはかるというよりは、部族間の主導権争いの性格が強かった、③それゆえに、運動に統一組織ができにくく、組織はできても部族意識の延長の側面が強かった、④部族意識が薄れてからも、クルド人同士で絶えず反目、抗争を続けた、⑤おもな居住地が三国にまたがっているため団結できなかった、⑥中央政府との駆け引き、交渉が拙劣、政治判断が未熟で、妥協の時機をとらえられなかった、⑦やむをえぬこととはいえ、運動が常に外国に依存しすぎた。

クルド内部の対立を細かく見ると、世俗主義対イスラム主義、クルマンジー語対スラニ語、トルコではイスラム教アレビ派対スンニ派、と多彩である。さらに、イスラム主義者は国家権力の側、クルド民族運動の側の双方にいる。

クルド社会内部の障害はもっと大きい。部族主義は、現代では薄くなっているとはいうものの、いまだ色濃い。実際に、イラクとトルコでの部族長たちの動員力の強さは、部族感情の根強さをなによりも示している。イラクでは、政党も群小のグループも部族間の新しいネットワークも、みな純粋なクルドの行政組織をつくる邪魔をした。

第二に、クルド人の住む国の中央政府レベルでは、①国家統一と領土保全のために、正規軍による苛烈な弾圧を繰り返した、②クルド側の事情で、分断、翻弄が容易であった、③隣国の政情攪乱を狙って、隣国のクルド人に対しては、その時々の自国の利害に応じて支援をした、④一方で、各国の政府は、自国内クルド人の自治要求には応じないとの点で連携して、一致した姿勢をとった。

中央政府は、クルド人の要求する自治、つまり地方分権は好まない。自治を容れれば、要求は独立へとエスカレートすることも当然予想されるからである。また、政治的、経済的な対処の方がよいと分かっていても、各国の軍部はクルド運動を粉砕する能力がないとみられることに耐えられない。

第三に、大国のレベルでは、大国は自身の利害に従って、クルドを常に恣意的にご都合主義で扱った。ある国のクルド人に対してあるときは支援、別のときは弾圧、またあるときは無視した。特に大国自身がかかわる歴史の節目節目に、決定的な役割を演じた。第一次大戦、第二次大戦、湾岸戦争の後が、その典型である。

解放運動二世紀目の二一世紀

かくして解放運動の二世紀目を迎えるこれからのクルド人の運命はどうなるだろうか。それはだれにも分からないことだが、国によって大いに様相が違う。

まず、イランではホメイニ革命時の噴出をへて、一九八九年にKDPI指導者カシムルが射殺されたあと、二一世紀初頭まで一〇年以上、運動は休眠状態にある。イスラム政権の大統領ラフサンジャニが一九九〇年代半ばに、「イランでは、クルド問題をイスラム精神の枠の中で解決した」と語ったことがある。しかし、まだ解決とは言えまい。逆に言うと、当面イランではクルド民族主義の行方には展望が立たない。中央政府の崩壊というような権力の空白状態が現出しない限り、クルドの自治の実現は難しい。

イラクでは、「クルド地域政府」は、いまだにバグダッドの中央政府の承認は得られていない。むろん、隣接諸国をはじめ欧米諸国の承認もない。とにかくまず、バグダッド政府との円滑な関係の確立が必要だろう。クルド人は、大統領サダム・フセインはイラクの歴代支配者の中で最も受け入れがたい、と考えている。もちろん、サダム・フセインは前任者たちと同じように、クルドの自治を認めるつもりはない。次の政権を待つとしても、その政権が自治を認める保証もない。その間、あるいはその後、かんじんの米国の保護がいつまで続くかも分からない。その前に自治の基本となる問題、クルド地域とはどこまでのことか、大油田キルクークをどちらのものとするか、どの程度の自治を認めるか、などを詰めていかねばならない。どんな中央政権が出現するにしても、イラクが中央集権体制からもっと地方分権を認める体制に向かわなければ、名前は自治でも、実際は従属にすぎない。バグダッドの中央政府がクルド地域の地方行政の長をクルド人の選挙にまかせるにしても、その長はバグダッドの言うことを聞かざるを得ないだろう。そういう指導者は以前の部族長とさして変わらないと言える。

トルコにほの明かり

他国に比べれば、トルコの見通しが一番明るい。クルド人の側からみればマイナスの形ではあっても、クルド問題が幾つかの回路で濾過されて、例えば、クルド寄りの政党、クルド人の市長などが存在し、国家構造に組み込まれているからである。

創設以来のワンマン指導者オジャランを欠いたPKKの武装活動は、今後これまでよりも活発になるとは予想しにくい。ただし、PKKはイラク領内に拠点を確保しており、さらには隣国アルメニア領の拠点を増やすためにアルメニア政府の支援を得ようとしている。トルコ政府にとっては、潜在的な脅威は消えていない。トルコ政府は、軍事的解決が政治的解決に先立たなければならないと考えてきたが、PKKの武装活動が下火になると、軍事的手段が空振りになる。それでも、一般クルド人の声を政治的に抑えることはもはやできないだろう。

解決に向けての第一は、政治的なルートである。議会からクルド議員を追放してしまっても、中央政府の舞台からクルド問題を除去したことにならない。むしろ、それが政治的進展を遅らせているという意識が生まれている。クルドの否定により、かえって政府自体の権威が落ちているのだ。クルドの代表権をトルコ社会の中で排除している法的構造、憲法、反テロ法、政党法を改訂する以外に道筋は見当たらない。

この制約をかいくぐって存続していた人民民主党（HADEP）は、クルド人口の多いトルコ東部に基盤を置く地域政党だが、伝統的に小党乱立のトルコ政界では唯一のクルド寄り政党で、草の根の支持者はクルド人である。市のレベルでは数人の首長を選出していたが、総選挙では総得票の最低一〇パーセントと定められた票数を獲得できていないため、国会に議席を持てないでいる。しかも、中央政界では他の党から「あれは特定の地域の、特定の人々の党だ」と批判されており、同党自身は「われわれはトルコ人の代表だ」といった弁明に追われているのが現状だ。二〇〇〇年の党大会開会式にトルコ国歌を歌わなかったのはけしからん、と世論の非難を浴びた。急激な展開は望めないが、同党が今後どこまでクルド人の声を首都アンカラの国会に反映させられるかは、政治レベルでのクルド問題の行方を左右するだろう。

第二のルートは、経済である。外国投資を引きつけるためには安定した民主主義が不可欠だ。それにはクルドの声の吸い上げも、トルコ南東部クルド地域の経済開発も必要である。トルコ政府はこの面ですでに、クルド人口の多い南東部の産業や道路、教育への投資に力を注ぎ始めている。立派な道路がつくられ、義務教育のための新しい学校校舎が目立つ。資金投入は目に見えて成果を上げている。対PKK作戦に政府は年間予算の四〇パーセントを費やしてきたが、それを経済開発や教育にまわすことは可能なはずだ。クルド地域の経済開発が国内先進地域の西部より遅れているのは、クルド人への差別というよりは、開発途上国がどこでもそうであるように、これまでは辺地、辺境まで開発の手が届かなかったからである。

第三は居住地域の問題である。強制移住によってクルド人を各地にばらまいて不満を拡散させるよりも、一定の場所にまとめておいた方が国にとっては御しやすいという意見もある。増加率の高いクルド人口は、政党がクルド票を得て中央政界での発言力を増し、それをクルドに還元することも可能にする。

一九九〇年代半ばの、トルコの産業界のある有力団体と学者による調査(3)はなかなか興味深い。アンケートに答えたクルド人は一二六七人である。

自身をクルド人と認める　九一パーセント
家庭ではクルド語を使っている　六五パーセント
近親にPKK関係者がいる　三五パーセント
トルコ軍はクルドを抑圧できない　七七パーセント
PKKの行動を支持する　四七パーセント
PKKにはぞっとさせられる　四八パーセント
新しい政治体制を望む　八八パーセント
　独立　（一三パーセント）
　連邦制　（四三パーセント）
　地方自治政府　（一九パーセント）

トルコの既成階級の手でこういう調査が行われ、公表されたこと自体が画期的なことであり、「国家としてクルド問題をこのまま放置することはできない」という方向へ、トルコ社会のクルド人に対する認識が様変わりしていることを示す。回答の内容がまた、クルド人の率直で正直な気持ちをそのまま映し出しているとみられる点でも、目を見張らせるものがある。

PKKのテロ活動こそ賛否半ばするが、軍事解決は不可能であり、政治、政党活動にクルド人の声を合法的に反映させて、できれば連邦制、せめて悲願の自治を実現させたい、という枠が浮かび上がってくる。

あとがき

クルド問題が中東現代史の焦点となったことはない。その青史のそっくり裏側ではないかという思いも抱く。だが、第一次大戦にともなうオスマン・トルコ帝国崩壊に始まり、いわゆる西欧帝国主義による分割と国境線引き、第二次大戦、それと密接に関連したこの地域の各国の独立と国内革命、大国間の、あるいは大国と当該産油国との石油権益の争奪、地域有力国と大国間の国際関係、イラン・イラク戦争など地域紛争、大国も乗り出した湾岸戦争、これら中東の現代史のすべてに大なり小なり「クルド」が絡んでくる。というより、そのたびに「クルド」が例外なく浮上する。

そして当然のことながら、国家、民族、人種、宗教、言語など現在地球上のあらゆる紛争が含んでいる問題が乱麻のように絡み合っている。

一九七三年初め、国王パーレビがイラン全土で華やかに挙行したイラン近代化の「白色革命」一〇周年記念の式典が、私の新聞特派員としての中東取材の皮切りであった。また同じ七三年、カラチ特派員時代には、アフガニスタンのザヒール・シャー国王追放のクーデターをカイバル峠からカバーした。これが、今日の同国の混乱の始まりであった。第四次中東戦争をベイルートから報道したのも同じ年であった。七七—八一年のジュネーブ特派員時代は、断続的に中東を走り回り、中東和平の道を切り開いたエジプト大統領サダトのエルサレム電撃訪問をはじめ、数カ月二回にわたるテヘランでのイスラム革命取材、パレスチナ解放闘争がらみの数々のハイジャック事件、度重なる石油輸出国機構（OPEC）の総会などをそれぞれ現地で取材した。八五—八八年のカイロ特派員時代は、ペルシャ湾岸から大西洋岸モロッコまで文字どおり中東にどっぷり漬かり、全域を飛び回った。最後に九〇—九二年のニューヨーク特派員時代、国連と米国が深くかかわった湾岸戦争にもろにぶつかった。

ただし、この間恥ずかしながら、クルド問題を正面から取材したことはなかった。日本のメディアに「クルド」が登場したことも極めて少なかった。湾岸戦争後、取材の最前線を離れてから、この問題の根の深さと今後の展開の影響力の大きさを感じ、勉強した次第である。

したがって本書では、民族の歴史と現状だけでなく、国際関係からの視点にも重点を置いたつもりである。

日本にはクルド問題についての資料はきわめて少ない。それに比べて、過去にさかのぼっての欧米のクルド問題研究、文献、参考書、新聞報道の実績と層の厚さは圧倒的である。本書はそれに負うところ少なくない。参考にした近年のおもなものを巻末に掲げた。

一九九四年に当時の勤務先、朝日新聞調査研究室（現総合研究センター）の報告集「調研室報」に掲載した小論「もう一つの中東戦争―クルド人の悲劇」に注目し、本書執筆の勧めと編集の労をとって下さった船曳由美氏、集英社の椛島良介氏に厚くお礼申し上げます。

二〇〇二年六月

著者

引用・参考文献

(1) Christiane More ; *Les Kurdes aujourd'hui—Mouvement national et partis politiques*, L'Harmattan　1984
(2) S. C. ペレティエ　前田耕一訳『クルド民族—中東問題の動因』亜紀書房　1991
(3) Robert Olson ed. ; *The Kurdish Nationalist Movement in the 1990s—Its Impact on Turkey and the Middle East*, University Press of Kentucky　1996
(4) 佐藤次高『イスラームの「英雄」サラディン—十字軍と戦った男』講談社　1996
(5) Sylvia Kedourie ed. ; *Turkey—Identity, Democracy, Politics*, Frank Cass Publishers　1996
(6) David McDowall ; *A Modern History of the Kurds*, I. B. Tauris　1997
(7) Susan Meiselas ; *Kurdistan—In the Shadow of History*, Random House　1997
(8) Anthony H. Cordesman and Ahmed S. Hashim ; *Iraq—Sanctions and Beyond*, Westview Press　1997
(9) A. L. Macfie ; *The End of the Ottoman Empire 1908–1923*, Longman　1998
(10) Robert Olson ; *The Kurdish Question and Turkish—Iranian Relations*, Mazda Publishers　1998
(11) Jonathan C. Randal ; *After Such Knowledge, What Forgiveness?* Westview Press　1999

米紙「The New York Times」、「The Washington Post」、「Los Angeles Times」、「The Christian Science Monitor」
英紙「The Times」
仏紙「Le Monde」
米週刊誌「Newsweek」、「Time」他

写真　KEYSTONE/ipj（131p），ORION PRESS（69,121,135,141,149,157,172p），UPI・サン・毎日（115p），著者
地図　C・メッセンジャー

川上洋一（かわかみ よういち）

一九三八年、中国・青島市生まれ。諏訪東京理科大学教授。六二年、東京大学法学部卒業、朝日新聞社入社。経済部を経て、主として外報部勤務。八五〜八八年中東アフリカ総局長、九〇〜九二年ニューヨーク支局長を務める。九八年退社。著書に『国連を問う』（ＮＨＫブックス）、『中東の挑戦』（共著）、『日本とアメリカ』（共著、以上朝日新聞社）など。

クルド人《じん》 もうひとつの中東問題《ちゅうとうもんだい》

集英社新書〇一四九Ａ

二〇〇二年七月二二日 第一刷発行
二〇一六年九月二五日 第五刷発行

著者……川上洋一《かわかみよういち》
発行者……茨木政彦
発行所……株式会社集英社
東京都千代田区一ツ橋二-五-一〇 郵便番号一〇一-八〇五〇
電話 〇三-三二三〇-六三九一（編集部）
〇三-三二三〇-六〇八〇（読者係）
〇三-三二三〇-六三九三（販売部）書店専用

装幀……原 研哉
印刷所……凸版印刷株式会社
製本所……加藤製本株式会社

定価はカバーに表示してあります。

ISBN 978-4-08-720149-9 C0222
Printed in Japan

a pilot of wisdom

集英社新書　好評既刊

政治・経済――A

「石油の呪縛」と人類　ソニア・シャー
増補版日朝関係の克服　姜尚中
憲法の力　伊藤真
イランの核問題　テレーズ・デルペシュ
狂気の核武装大国アメリカ　ヘレン・カルディコット
コーカサス　国際関係の十字路　廣瀬陽子
オバマ・ショック　越智道雄　町山智浩
資本主義崩壊の首謀者たち　広瀬隆
イスラムの怒り　内藤正典
中国の異民族支配　横山宏章
ガンジーの危険な平和憲法案　C・ダグラス・ラミス
リーダーは半歩前を歩け　姜尚中
邱永漢の「予見力」　玉村豊男
社会主義と個人　笠原清志
「独裁者」との交渉術　明石康
著作権の世紀　福井健策
メジャーリーグ　なぜ「儲かる」　岡田功
「10年不況」脱却のシナリオ　斎藤精一郎
ルポ　戦場出稼ぎ労働者　安田純平
二酸化炭素温暖化説の崩壊　広瀬隆
「戦地」に生きる人々　日本ビジュアル・ジャーナリスト協会編
超マクロ展望　世界経済の真実　水野和夫　萱野稔人
TPP亡国論　中野剛志
日本の1/2革命　池上彰　佐藤賢一
中東民衆革命の真実　田原牧
「原発」国民投票　今井一
文化のための追及権　小川明子
グローバル恐慌の真相　中野剛志　柴山桂太
帝国ホテルの流儀　犬丸一郎
中国経済　あやうい本質　浜矩子
静かなる大恐慌　柴山桂太
闘う区長　保坂展人
対論！　日本と中国の領土問題　横山宏章　王雲海

a pilot of wisdom

戦争の条件　藤原帰一
金融緩和の罠　藻谷浩介／河野龍太郎／小野善康／萱野稔人
バブルの死角 日本人が損するカラクリ　岩本沙弓
TPP黒い条約　中野剛志・編
はじめての憲法教室　水島朝穂
成長から成熟へ　天野祐吉
資本主義の終焉と歴史の危機　水野和夫
上野千鶴子の選憲論　上野千鶴子
安倍官邸と新聞 「二極化する報道」の危機　徳山喜雄
世界を戦争に導くグローバリズム　中野剛志
誰が「知」を独占するのか　福井健策
儲かる農業論 エネルギー兼業農家のすすめ　金子勝／武本俊彦
国家と秘密 隠される公文書　久保亨／瀬畑源
秘密保護法―社会はどう変わるのか　宇都宮健児／堀敏明／足立昌勝／林克明
沈みゆく大国 アメリカ　堤未果
亡国の集団的自衛権　柳澤協二
資本主義の克服 「共有論」で社会を変える　金子勝

沈みゆく大国 アメリカ〈逃げ切れ！ 日本の医療〉　堤未果
「朝日新聞」問題　徳山喜雄
丸山眞男と田中角栄 「戦後民主主義」の逆襲　佐高信／早野透
英語化は愚民化 日本の国力が地に落ちる　施光恒
宇沢弘文のメッセージ　大塚信一
経済的徴兵制　布施祐仁
国家戦略特区の正体 外資に売られる日本　郭洋春
愛国と信仰の構造 全体主義はよみがえるのか　中島岳志／島薗進
イスラームとの講和 文明の共存をめざして　内藤正典／中田考
「憲法改正」の真実　樋口陽一／小林節
世界を動かす巨人たち〈政治家編〉　池上彰
安倍官邸とテレビ　砂川浩慶
普天間・辺野古 歪められた二〇年　宮城大蔵／渡辺豪
イランの野望 浮上する「シーア派大国」　鵜塚健
自民党と創価学会　佐高信
世界「最終」戦争論 近代の終焉を超えて　内田樹／姜尚中
日本会議 戦前回帰への情念　山崎雅弘

糖尿病は自分で治す！
福田正博　0839-I
糖尿病診療歴三〇年の名医が新合併症と呼ぶ、がんや認知症、歯周病との関連を解説、予防法を提唱する。

3・11後の叛乱　反原連・しばき隊・SEALDs
笠井 潔／野間易通　0840-B
3・11後、人々はなぜ路上を埋めつくし、声を上げはじめたのか？　現代の蜂起に託された時代精神を問う！

感情で釣られる人々　なぜ理性は負け続けるのか
堀内進之介　0841-C
理性より感情に訴える主張の方が響く今、そんな流れに釣られないために「冷静に考える」方法を示す！

日本会議　戦前回帰への情念
山崎雅弘　0842-A
安倍政権を支える「日本会議」は国家神道を拠り所に戦前回帰を目指している！　同組織の核心に迫る。

ラグビーをひもとく　反則でも笛を吹かない理由
李淳馹　0843-H
ゲームの歴史と仕組みを解説し、その奥深さとワンランク上の観戦術を提示する、画期的ラグビー教本。

「戦後80年」はあるのか
――「本と新聞の大学」講義録
モデレーター　一色 清／姜尚中
内田 樹／東 浩紀／木村草太／
山室信一／上野千鶴子／河村小百合　0844-B
日本の知の最前線に立つ講師陣が「戦後70年」を総括し、今後一〇年の歩むべき道を提言する。人気講座第四弾。

永六輔の伝言　僕が愛した「芸と反骨」
矢崎泰久 編　0845-C
盟友が描き出す、永六輔と仲間たちの熱い交わり。七月に逝った永さんの「最後のメッセージ」。

東京オリンピック「問題」の核心は何か
小川 勝　0846-H
「オリンピック憲章」の理念とは相容れない方針を掲げ進められる東京五輪。その問題点はどこにあるのか。

ライオンはとてつもなく不味い〈ヴィジュアル版〉
山形 豪　041-V
ライオンは、不味《まず》すぎるため食われずに最期を迎える……等々、写真と文章で綴るアフリカの「生」の本質。